岩波科学ライブラリー 223

勝てる野球の統計学

セイバーメトリクス

鳥越規央
データスタジアム野球事業部

岩波書店

まえがき

「セイバーメトリクス」という言葉を聞き慣れない読者もまだ多いかもしれない．これはメジャーリーグで野球のチームづくりの考え方に大きな変革をもたらした，まさに野球のための統計学なのである．「セイバー」はアメリカ野球学会(Society for American Baseball Research)の略称であり，メトリクスとは測定法や指標といった意味である．

メジャーリーグでは1970年代頃からさまざまなデータを駆使して，野球の采配の妥当性などが議論されるようになった．これがセイバーメトリクスのはじまりである．そして1990年代に成績が低迷していたオークランド・アスレチックスがこのセイバーメトリクスを積極的に採用し，選手の獲得や評価を行った．従来の基準では評価が高くないが，セイバーメトリクスの基準では意外に評価の高くなる選手を積極的に低年俸で獲得することによって，選手の年俸を抑えながら2000年～2003年にかけて地区優勝3回，毎年プレーオフに進出するまでにチーム力の強化に成功した．このことで，セイバーメトリクスは一気に話題になったのである．この経緯については，映画にもなった『マネー・ボール』という書籍に詳しく描かれている．

野球好きの方なら，いまやインターネットでも容易に入手できる選手の記録を見て，野球中継を観戦しながら「このバッターは得点圏打率が低い，チャンスに弱いからバントをすべきだ」とか，「このピッチャーは右打者との対戦打率が悪いからピッチャー交代をしたほうがよい」などと，あれこれ自分なりの采配を楽しまれることも多いだろう．自分の考えとは異なる采配をして，結果，痛い目にあった監督の批判をして溜飲を下げる，などというのも野球観戦の一つの楽しみ方だ．

　本書は，読者のこの楽しみをいっそう大きなものにするためにセイバーメトリクスの基礎になる考え方や，重要な指標を紹介する．一般に打者は「打率」「本塁打」「打点」で評価される（このすべてでリーグトップであれば三冠王として最高の賞賛を受ける）．だが，打者で注目すべき指標は他にもある．いやむしろあまり表に出ない指標により重要なものがある．予備知識のある方にはよく知られた例であるが，打率（ヒットの確率）よりも出塁率（ヒットおよび四死球の確率）の方が有効だったりする．

　このほかにもたくさんの指標が登場するが，電卓や（必要なら）Excelなどの表計算ソフトを使えば簡単に計算できるものから，ビッグデータを解析することで導くことのできるものまで幅広く紹介している．2014年のシーズンを楽しむためにぜひ活用いただきたい．セイバーメトリクスは進化途上であり，データを眺めているうちに，さらに有効な指標を読者自らが発見するということもあるかもしれない．

各章の構成だが，まず第1章でセイバーメトリクスの指標作成の基礎となる「得点期待値」について解説する．

　また第2章で，OPSやRC，XRといった打者評価に用いられる指標について，第3章でWHIP，FIPといった投手評価に用いられる指標について紹介する．こうした指標はもともとメジャーリーグでのデータ分析のために考え出されたものであるが，日本のプロ野球にフィットするように補正した指標作成の提案も行っている．

　第4章では，ビッグデータ解析により可能となった守備の評価手法によって求められる，従来の「失策数」，「守備率」だけでは測れない守備力の数値評価について解説する．

　さらに第5章では，プロ野球選手の「市場価値」を測るための総合指標として，今もっとも重用されている「WAR」という指標を紹介する．WARは投手や野手などのポジションによらず，単一の指標でその選手の価値を測れるという，たいへん画期的なものである．

　第1，4，5章は主にデータスタジアム株式会社のアナリストが担当し，プロ野球のデータを用いたオリジナルの指標を提案している．統計学者の鳥越規央は主に第2，3章を担当し，今まであまり多く語られていなかった打撃・投手指標の数理的背景に迫っている．

　野球，そしてスポーツはデータだけでは語れない．予測を超えたファインプレー，不利な条件をはねのけての勝利，アスリートの力と力の対決が見る人々に感動を与えるのはもちろん

である．だがデータを知っていればこそ，その感動もまたより深まると思うのである．

　本書で使用するのは主に 2013 年の日本プロ野球の最新データである．これはデータスタジアム社が収集し，蓄積したものである．データスタジアム社ではこのほか，サッカーやラグビーのデータの収集・分析も行っている．

　セイバーメトリクスは今後，野球以外の他のスポーツにも広がっていくと思われる．こうしたスポーツにも関心のある読者にはさらに注目していただきたい．

　2014 年 3 月

鳥越規央

データスタジアム株式会社野球事業部

目　次

まえがき

1　"無死満塁"は点が入りにくいのか？ 1
── 野球のセオリーを検証する

実際のデータを見てみると／送りバントは有効なのか？／得点確率から見る送りバント／得点期待値からプレーの得点価値を算出／「得点」を「勝利」に換算する／すべての指標は「勝利」に通ずる

2　ホームランバッターか三割打者か？ 21
──「全員イチロー」vs「全員バレンティン」

打率.000なのに，出塁率.400でチームに貢献／「得点能力」を評価する指標OPS／走塁能力や進塁させる能力も加味した打撃指標／1番から9番までイチローなら何点とれる？／その打撃は何点分？

3　防御率だけでは見えない名投手の条件 43
── 失点に占める投手の責任の割合

先発投手の役目は6回を3点以下に抑えること／「いかにランナーを出さないか」を示す指標／ポテンヒットは投手の責任？／先発投手もリリーフ投手も含めて能力を評価する／外野フライを打たれる投手はホームランのリスクも大きい／フライ・ゴロの比率と被本塁打の関係

4　イメージ先行で語られがちな「守備の達人」 63
── 失策が多くても守備範囲は広かった

守備貢献度を測る／失策王が実は名手だった？／「守備範囲」の評価方法とは？／守備の評価式は発展途上／「失策をしない能力」，「併殺奪取能力」，「肩力」とは？／2012年，糸井嘉男の肩力／守備範囲を簡易的に測るRF

5 真のMVPは誰か？ ……………………………… 83
── 勝利への貢献度を数字で表す

投手と野手の成績は比べられるのか？／総合評価指標の考え方／控え選手とレギュラーの差はどのくらい？／レギュラーの価値は控え選手を試合に出さないこと／鳥谷敬の貢献度は何勝ぶんに値する？／バレンティンはやはりトップの貢献度／田中将大を貢献度で超えた選手

おわりに ── セイバーメトリクスとID野球 ………………101

コラム

「1番から始まる好打順」は本当か　19

長打力や選球眼の良さだけを数値化すると　41

背負ったランナーを生還させない力 IR%　60

チーム全体の守備力の簡易的な測り方　81

「野球は投手力」は本当？　97

1 "無死満塁"は点が入りにくいのか？
——野球のセオリーを検証する

　中日の2勝，ソフトバンクの1勝で迎えた2011年の日本シリーズ第4戦，1点をリードされた中日は6回に"無死二三塁"という逆転のチャンス．ソフトバンクの先発投手・ホールトンは打席の和田一浩に四球を与え"無死満塁"に．ここでマウンドに上がったリリーフ投手の森福允彦は代打の小池正晃を三振，平田良介を左飛，谷繁元信を遊ゴロに打ち取り，無失点で切り抜ける．絶体絶命のピンチを脱したソフトバンクはこの試合を制すと，第5戦，第7戦も勝利し日本一に輝いた．

　この場面は1979年の日本シリーズ最終戦を題材にした「江夏の21球」というスポーツノンフィクションの名場面になぞらえ「森福の11球」と呼ばれている．共通点は日本シリーズの大舞台で"無死満塁"を無失点で切り抜けたところである．野球には"無死満塁は得点しにくい"という通説があるが，まさにそれを体現したシーンといえよう．

実際のデータを見てみると

　しかしながら，実際にプロ野球のデータを分析すると"無死満塁は得点しにくい"ということは決してない．むしろ，セイ

バーメトリクスで広く用いられている「得点期待値」という考え方を用いると，最も得点を多く期待できる場面であることが示されている．「得点期待値」とは，あるアウトカウント，塁状況から攻撃した場合，イニングが終了するまでに何点入るかを示したものだ．

その計算方法を示す前にまず，野球は 3 アウトを奪われる前に本塁(4 つ目の塁)を踏む数を競うスポーツであり，1 つのイニングには「0，1，2」のアウトカウント 3 種類と「走者なし，一塁，二塁，三塁，一二塁，一三塁，二三塁，満塁」の走者状況 8 種類を掛け算して得られる 24 種類の状況があることを確認しておきたい．

この 24 種類のアウトカウント，走者状況を頭に入れながら，得点期待値の計算方法を見てみよう．通常，得点期待値は少なくとも 1 シーズン分といった大量のデータを基に算出を行うが，ここでは簡易的に説明するため，楽天が初優勝を飾った

ワンポイント●期待値

期待値とは(算術)平均とほぼ同じ意味で，数値で表されたいくつかのデータがあるとき，その値をならすとどのくらいになるかを表す．m 個のデータ $x_1, x_2, \cdots, x_m$ の期待値は

$$\frac{x_1+x_2+\cdots+x_m}{m}$$

となる．

2013年の日本シリーズ第7戦,初回のデータを基に考えてみたい.

■ 2013年11月3日　日本シリーズ第7戦　楽天―巨人
- 1回表,巨人の攻撃
　―"無死走者なし"から1番打者・長野久義が死球
　―"無死走者一塁"から2番打者・松本哲也が犠打
　―"1死走者二塁"から3番打者・高橋由伸が遊失
　―"1死走者一二塁"から4番打者・阿部慎之助が投ゴロ
　―"2死走者二三塁"から5番打者・村田修一が四球
　―"2死走者満塁"から6番打者・坂本勇人が中飛
　3アウトチェンジで得点は0.
- 1回裏,楽天の攻撃.
　―"無死走者なし"から1番打者・岡島豪郎が二直
　―"1死走者なし"から2番打者・藤田一也が空三振
　―"2死走者なし"から3番打者・銀次が死球
　―"2死走者一塁"から4番打者・ジョーンズが二塁打
　―"2死走者二三塁"から5番打者・マギーが遊失(ここで楽天が1点先制)
　―"2死走者一二塁"から6番打者・中島俊哉が左飛
　3アウトチェンジで得点は1.

ここで"無死走者なし","2死走者一二塁"のそれぞれについて,得点期待値を考えてみよう.

得点期待値は「あるアウトカウント,走者状況が出現した

後，イニングが終了するまでに何点入ったか」と定義できるが，注意すべきポイントは2つある．1つは「イニングが終了するまでに何点入ったか」という点で「ある状況から次の打者が打撃を完了するまでに何点入ったか」を計算するものではないということだ．

"無死走者なし"で考えてみよう．1回表は"無死走者なし"からイニング終了まで無得点だったのに対し，1回裏は"無死走者なし"からイニングが終了するまでの間に1点入っている．このことより"無死走者なし"の得点期待値は

$$\frac{0+1}{2} = 0.5$$

となる．

つまり，平均的に見ると，"無死走者なし"からは0.5点が期待できる，という計算になる．一見すると「1回裏は"無死走者なし"から1番打者・岡島が二直に倒れているので"無死走者なし"からは0点」としてしまいそうだが，そうではない．繰り返しになるが，得点期待値はその打席のみの結果ではなく，"無死走者なし"という状況が発生したタイミングからイニング終了までの得点を計算し求めるものである．

2つ目のポイントは「あるアウトカウント，走者状況が出現した後」という点である．例えば，1回裏の楽天はマギーの遊失で1点を先制したものの，"2死走者一二塁"という状況が出現したのはその後であり，この状況からイニング終了までは1点も入っていない．そのため，"2死走者一二塁"からの得点

期待値は

$$\frac{0}{1} = 0$$

と計算される.

もちろん,日本シリーズ1イニングだけを計算した得点期待値ではサンプル数が少なすぎるので,これらの値は信ぴょう性に欠ける. 2004〜2013年の日本野球機構が開催したプロ野球(以降,NPBと表記する)のレギュラーシーズン全イニングのデータを対象に,十分なサンプル数を確保した上で得点期待値を算出すると,表1.1のようになる.

表1.1 状況別得点期待値(2004〜2013年 NPB を対象)

状況	走者なし	一塁	二塁	三塁	一二塁	一三塁	二三塁	満塁
無死	0.455	0.821	1.040	1.360	1.417	1.721	1.974	2.200
1死	0.242	0.499	0.687	0.919	0.905	1.158	1.335	1.541
2死	0.091	0.214	0.321	0.371	0.434	0.487	0.586	0.740

"無死満塁"からの得点期待値は2.2点である.つまり,無死満塁から攻撃を始めると,平均的には2点以上入るということとなる.これは24の状況の中で最も大きい値であり,「"無死満塁"からは得点が入りにくい」という通説に反し,最も多くの得点が期待できる状況であることが分かるだろう.

また,表1.2で24種類の状況がいくつあったかを示した. 2004〜2013年で最も機会数の多い状況は,当然ながら"無死走者なし"の157706回である.どのイニングも"無死走者なし"から攻撃がスタートするので,すべてのイニングで確実に

出現するアウトカウント，走者状況である．逆に，最も出現回数の少ない状況は"無死走者三塁"の 1057 回，つまり無死走者三塁は 1 年で約 100 回程度しか起こらない状況なのである．このように，野球ではどうしても起こりやすい状況と起こりにくい状況が出てくるため，各状況の機会数にはかなりばらつきがある．とはいえ，ここで提示している期待値は少なくとも 1000 程度のサンプルを基にした数値であるので，それなりの信頼度はあるといえよう．

表 1.2　状況別機会数(2004〜2013 年 NPB を対象)

状況	走者なし	一塁	二塁	三塁	一二塁	一三塁	二三塁	満塁
無死	157706	40329	9676	1057	8421	3032	1828	2236
1 死	112656	43870	24140	6018	16822	8152	5972	6451
2 死	88739	44394	26996	10530	21576	11475	6684	8475

ちなみに，機会数の概念について補足すると，これは打席ごとだけではなく塁状況が変わったごとにも記録したものである．つまり，無死一塁から盗塁して無死二塁になった場合，無死一塁が 1 回，無死二塁が 1 回というように記録している．

送りバントは有効なのか？

得点期待値の表を基に，他にも様々な野球の通説を考察することができる．例えば送りバントの有効性に対する議論だ．送りバントは自身がアウトになることを前提に，走者を 1 つ進める戦法であり，日本では高校野球からプロ野球まで幅広く用いられている．送りバントが行われる代表的なアウトカウン

ト，走者状況は"無死一塁"であり，送りバントが成功することで"1死二塁"と，得点圏に走者を進めることができる．

ここで得点期待値の表 1.1 をみてみよう．"無死一塁"では 0.821 だが，"1 死二塁"では 0.687 と低くなっていることが分かる．このように，得点期待値で見ると"無死一塁"の方が"1死二塁"よりもより多くの得点を見込めるという結果になっている．得点を奪うために送りバントを行うはずだが，かえって得点期待値を下げることになるという矛盾した結果を導き出すのだ．その他にも送りバントが行われる主なケースでの得点期待値の変化をまとめると，下記のようになる．

- "無死一塁"(0.821) から "1 死二塁"(0.687)
- "1 死一塁"(0.499) から "2 死二塁"(0.321)
- "無死一二塁"(1.417) から "1 死二三塁"(1.335)
- "1 死一二塁"(0.905) から "2 死二三塁"(0.586)
- "無死二塁"(1.040) から "1 死三塁"(0.919)

どの状況をみても，送りバントを成功させた後の得点期待値が下がっており，アウトカウントを増やすことは攻撃側にとってリスクであることが分かるだろう．もちろん，送りバントは必ず成功するわけでなく，失敗した場合はさらに得点期待値の低い状況で次打者が打席に入るという別のリスクも考慮しなければならない．反対に，相手の失策を誘発して無死一塁が無死一二塁，さらには無死二三塁になる，というラッキーなことも起こり得るが，プロではかなり稀なケースだ．

得点期待値はあくまで「平均」を計算した数値であり，実

際に作戦を行う時は相手投手と自チームの打者の力量などを考慮する必要はあるものの，この統計データを踏まえると，送りバントが有効といえるかはかなり疑問である．少なくとも，まだ試合の大勢が決していない序盤，無死一塁で2番打者が送りバントというシーンは減っても良さそうだ．

得点確率から見る送りバント

　得点期待値とセットで覚えておきたいのが，得点確率という概念である．得点確率は「あるアウトカウント，走者状況が出現した後，イニングが終了するまでに1点以上取れる確率」を示すものである．ポイントは「1点以上取れる確率」という部分だ．終盤の同点時など，1点が勝敗を決する場面では，この得点確率の考え方は大きな意味を持つ．得点期待値と同様に，2004～2013年のプロ野球レギュラーシーズン全イニングのデータを基に計算した得点確率を表1.3に示す．

　送りバントを得点確率という視点から見てみよう．送りバントが行われる主なケースでの得点確率の変化をまとめると，次

ワンポイント●確率

　確率とは，ある現象がどのくらいの可能性で起こるかを数値で表したものである．必ず起こる現象の発生確率を1(または100%)，絶対に起こらない現象の発生確率を0(または0%)とし，確率は0以上1以下の数値になる．

表 1.3 状況別得点確率(2004〜2013 年 NPB を対象)

状況	走者なし	一塁	二塁	三塁	一二塁	一三塁	二三塁	満塁
無死	25.2%	40.6%	58.9%	81.5%	60.4%	83.1%	83.6%	83.7%
1 死	14.5%	26.0%	39.6%	62.9%	40.8%	63.6%	65.2%	64.7%
2 死	6.0%	12.0%	21.1%	26.5%	22.5%	27.2%	27.1%	31.4%

のようになる．

- "無死一塁"(40.6%)から"1 死二塁"(39.6%)
- "1 死一塁"(26.0%)から"2 死二塁"(21.1%)
- "無死一二塁"(60.4%)から"1 死二三塁"(65.2%)
- "1 死一二塁"(40.8%)から"2 死二三塁"(27.1%)
- "無死二塁"(58.9%)から"1 死三塁"(62.9%)

ここで無死一二塁から 1 死二三塁，無死二塁から 1 死三塁の得点確率の変化に注目すると，得点確率が上がっていることを確認できるだろう．つまりこれらのケースの送りバントに限ると，成功すれば得点確率は上がるというデータになっている．

2013 年日本シリーズ，楽天が 3 勝 2 敗と日本一に王手をかけて迎えた第 6 戦でこのような例があった．楽天の先発・田中将大から 3 対 2 とリードを奪った巨人の 6 回表無死一二塁での攻撃である．ここで打席のボウカーが送りバントを成功させて 1 死二三塁とし，続くロペスの三ゴロの間に 1 点を追加．そのまま巨人が逃げ切った．2013 年の巨人は「スコット鉄太朗」ことマシソン，山口鉄也，西村健太朗の強力リリーフ陣を擁しており，実際，終盤にリードしていればほとんど負

けていなかった(2013年のレギュラーシーズンで巨人は6回終了時でリードしていると60勝3敗,勝率.952を誇っていた).厳密にはバントが失敗する可能性も考慮しなければならないが,6回表の攻撃で1点から2点にリードを広げれば逃げ切れるだろうという考え方からすると,得点期待値よりも得点確率を優先して送りバントを行うことは合理的とも考えられるのだ.

得点期待値からプレーの得点価値を算出

あるプレーが起こる前と起こった後では,アウトカウント,走者状況,得点数が変わる.ここで「プレーの価値」を

「プレーの価値」
　=「プレー時に入った得点」+「プレー後の得点期待値」
　−「プレー前の得点期待値」

と定義する.例えば,すべての送りバント前後でこの計算を行い,その価値の平均を算出すれば,送りバントが平均的に得点期待値をどのくらい変動させるプレーなのかがわかる.これは現在のセイバーメトリクスで重要な得点価値(Run Values)を測るという考え方であり,送りバントに限らず「単打1本あたり」「二塁打1本あたり」といった各打席結果の得点価値もこの方法で計算されている.

プレーの得点価値は得点期待値と同様,通常は1シーズン以上のデータを基に算出するが,ここでは説明の簡略化のため

に 2013 年の日本シリーズのデータを基に二塁打の得点価値を計算してみよう．第 1〜4 戦では 5 本の二塁打があったが，表 1.1 の得点期待値をもとに各二塁打の打席前後での得点期待値の差分を見ると，下記のようになる．

- 【第 1 戦：5 回表】巨人・亀井善行
    打席前 "無死一塁"（0.821）
    ⇒ 二塁打後 "無死二三塁"（1.974）
    …差分は 1.974−0.821＝1.153
- 【第 3 戦：2 回表】楽天・藤田一也
    打席前 "2 死満塁"（0.740）
    ⇒ 二塁打後 "2 点入って 2 死二三塁"（2+0.586＝2.586）
    …差分は 2.586−0.740＝1.846
- 【第 3 戦：2 回表】楽天・銀次
    打席前 "2 死二三塁"（0.586）
    ⇒ 二塁打後 "2 点入って 2 死二塁"（2+0.321＝2.321）
    …差分は 2.321−0.586＝1.735
- 【第 4 戦：5 回裏】巨人・長野久義
    打席前 "1 死一二塁"（0.905）
    ⇒ 二塁打後 "2 点入って 1 死二塁"（2+0.687＝2.687）
    …差分は 2.687−0.905＝1.782
- 【第 4 戦：6 回表】楽天・聖澤諒
    打席前 "1 死二塁"（0.687）
    ⇒ 二塁打後 "1 点入って 1 死二塁"（1+0.687＝1.687）
    …差分は 1.687−0.687＝1.000

差分の平均は,

$$(1.153+1.846+1.735+1.782+1.000)/5 ≒ 1.50$$

となり,二塁打1本あたり1.5点の得点価値があると推測することができる.もちろん,この値も日本シリーズ前半戦の5本の二塁打という少ないサンプルから求められたものなので,統計学的に信頼できるものではない.得点期待値や得点確率と同様に,2004〜2013年のプロ野球レギュラーシーズン全イニングのデータを対象にした各プレーの得点価値は表1.4のようになる.

表1.4 結果別得点価値
(2004〜2013年NPBを対象,四球の得点価値は敬遠を除いて算出,失策出塁の得点価値は野選も加えて算出)

単打	二塁打	三塁打	本塁打	失策出塁	四球
0.44	0.78	1.13	1.42	0.48	0.29

死球	アウト	併殺打	三振	盗塁	盗塁刺
0.32	−0.26	−0.77	−0.25	0.17	−0.40

平均すると単打1本は0.44点,二塁打1本は0.78点,本塁打1本は1.42点の価値を持つということになる.先の例で二塁打の得点価値を1.50と計算したが,それは日本シリーズの第1〜4戦でたまたま得点を伴う場面での二塁打が多かったためで,実際に表1.1を見返してみると,"1死走者なし"からの二塁打で"1死走者二塁"となっても,得点期待値の増加

分は 0.445 のみ．"2 死走者なし" からの二塁打で "2 死走者二塁" となっても，得点期待値の増加分は 0.230 のみで，得点が入る場面だけでなく，このような場面での二塁打も加味して平均すると 0.78 点という結果になっているのだ．

また，本塁打はソロ，2 ラン，3 ラン，満塁の 4 種類あり，入る得点が明確に分かるプレーである．それが一律 1.42 の得点価値であるという論理はやや腑に落ちないかもしれないが，本塁打を打った際，塁上に何人の走者がいるかは打者があらかじめコントロールできるものではない．つまり，本塁打を放った時の走者の数は「運」に左右されるものと考えられる．この観点から，ソロであろうが，満塁弾であろうが，本塁打 1 本は一律 1.42 点の価値を持つとする方が公平といえるはずだ．

このように得点価値を用いることで，単打，二塁打，三塁打，本塁打など，各打席結果は実際に何点分の価値があるのかという問いに対して，ひとつの答えを示すことができるのだ．

それを可能としているのが，「イニングはアウトカウントと塁状況の組み合わせによって 24 種類の状況に分けられる」という野球の前提である．実際，サッカーやラグビーなど他のスポーツでこのような分析を行おうとする場合は，状況を定義づけることがとても難しい．例えばサッカーでは，同じ場所からシュートを放ったとしても，ゴール前の相手の守備位置や人数によって得点の入りやすさはまったく異なってしまう．野球における "無死満塁" のように，得点の入りやすい場面を簡単に

は定義できないのだ．さらに，野球は攻撃の際に失点することはなく，また守備の際に得点することもない．攻撃と守備が明確に分かれていることも，得点期待値の算出を行いやすいものにしていると考えられる．

「得点」を「勝利」に換算する

ここまでは，ある1つの「プレー」がどれだけの「得点」に換算できるかについて述べてきた．ではその「得点」がどれだけ「勝利」に寄与するのかということについて考えてみよう．

野球だけに限らず，多くの球技では対戦相手以上に得点することで勝利を得ることができる．9失点しても10得点すれば勝利だし，1得点でも相手を完封すれば勝ちである．では野球における平均得点はどのくらいなのだろうか．図1.1に過去30年分のシーズンごとの平均得点の推移を表す．

1984年から2010年まで，平均得点は主に4点台を推移していることがわかる．そして2011年，2012年は導入された統一球の反発係数が以前のものよりも小さいことが影響し，平均得点が約3.3に減少したが，2013年シーズンに変更の告知なしに導入された統一球の影響により，平均得点は4.0と2010年以前の状況に近づいた．

ここで，セイバーメトリクスにおける得点・失点を勝利・敗北に変換するための研究について述べる．代表的なものは，ビル・ジェイムズが考案したピタゴリアン期待値と呼ばれる計算式である．シーズンにおけるチームの勝率は，

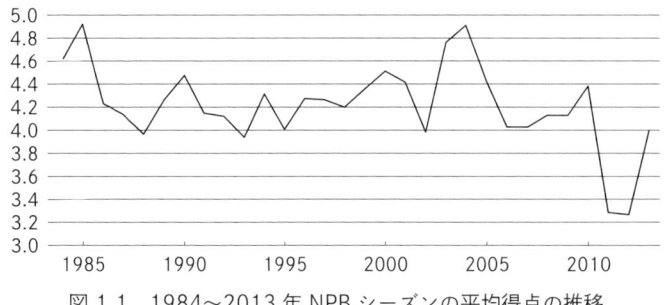

図 1.1　1984〜2013 年 NPB シーズンの平均得点の推移

$$\text{ピタゴリアン期待値} = \frac{(\text{得点})^2}{(\text{得点})^2 + (\text{失点})^2}$$

という式で推測できるというもので，数学の「ピタゴラスの定理」を連想させる式である．

この式の基本的な考え方は

- 得点と失点が等しければ，勝率は 5 割である．
- 得点が失点よりも多ければ勝率は 5 割を超え，少なければ 5 割に満たない．

というものである．とてもシンプルな式ではあるが，実際のデータを代入すると，その当てはまりがよいということで重用されるようになった．

ただ近年，コンピュータの性能の発達により指数を 2 とするよりも，もっと当てはまりのよい指数を求めることが可能となった．そこで 1950 年(日本プロ野球が 2 リーグ制を導入した年)以降の得失点と勝率のデータから日本版ピタゴリアン期待値をはじき出した結果，

$$日本版ピタゴリアン期待値 = \frac{(得点)^{1.64}}{(得点)^{1.64}+(失点)^{1.64}}$$

となった.この式を 2013 年シーズンのデータに適用させたものが表 1.5 に表されている.

表 1.5 2013 年シーズンにおける勝率と日本版ピタゴリアン期待値(相関係数は 0.89)

チーム	勝率	ピタゴリアン期待値	得点	失点
楽天	.582	.567	628	537
西武	.529	.506	570	562
ロッテ	.521	.491	572	584
ソフトバンク	.514	.569	660	562
オリックス	.475	.487	513	529
日本ハム	.451	.447	534	604
巨人	.613	.569	597	508
阪神	.521	.536	531	488
広島	.489	.502	557	554
中日	.454	.444	526	599
DeNA	.448	.463	630	686
ヤクルト	.407	.429	577	682

さて,この式から「勝利を 1 つ増やすために必要な得点」を,2013 年シーズンのデータを例に計算してみよう.チームの平均得点は 575 点であるので,失点を 575 点と固定し,得点を変化させたときのピタゴリアン期待値における予測勝率と,144 試合制における予測勝利数を表 1.6 に示す.

この表から,得点が 10 点増えれば 1 勝増加し,10 点減れば 1 勝減少することがわかる.つまり 10 得点は 1 勝分の価値があると考えることができるのである.

表 1.6 失点 575 点のチームの日本版ピタゴリアン期待値

得点	555	565	575	585	595	605
ピタゴリアン期待値	.485	.492	.500	.507	.515	.522
予測勝利数	69.8	70.9	72.0	73.1	74.1	75.2
勝利数の増分	−2.2	−1.1	±0.0	+1.1	+2.1	+3.2

すべての指標は「勝利」に通ずる

ここまで，現在のセイバーメトリクスの核となる得点期待値と得点価値の考え方や，得点・失点と勝利確率の関係などを簡単に紹介してきたが，このように，セイバーメトリクスでは野球固有の特徴やルール，すなわち野球の構造を客観的に理解することが重要となる．野球の構造理解を進めることによって，勝利を増やすために得点を増やし，失点を防ぐためにはどのようなプレーがどの程度重要かを見極めることができる．この観点が適切に選手を評価する指標の開発につながっているのだ．

もちろん，野球の構造を理解する試みは得点期待値や得点価値に落とし込むだけがすべてではない．例えば，最も一般的なセイバーメトリクスの指標である OPS は，得点期待値を使用しているわけではなく，出塁率+長打率というとてもシンプルな数式で表されている．それでも，野球の構造を捉えて選手を客観的に評価しようとする姿勢から生まれた指標であり，さらには「得点」との相関も非常に高いため，セイバーメトリクスで重宝されているのだ．次章以降では選手を評価する指標を具体的に紹介するが，それぞれの指標すべてが野球の構造を考え

て作られたものである.「打撃・投球・守備」それぞれの指標を丁寧に見ていくことで,指標の作られた意図を感じることができるはずだ.

コラム ⚾ 「1番から始まる好打順」は本当か

表 1.7 は "無死走者なし" からの得点確率・得点期待値を打順別に算出した表である．つまり「プロ野球ではどの打順から攻撃が始まると最も得点しやすいのか」をほぼ表現しているといえよう（"無死走者なし" から打者が本塁打を打つと次の打者も "無死走者なし" なので，必ずしもその回の先頭打者だけとは限らないが，その確率は高くはない）．表の通り，得点確率・得点期待値とも最も高いのは 2 番打者から始まった攻撃となっている．1 番打者からの機会数が断トツの **32970 回**であるように，初回は必ず 1 番打者，無死走者なしから始まるため，1 番打者から始まる攻撃が最も得点期待値の高いイニングとなるように打順を決めるべきと考えられることが多い．だが，実際はそうなっていない．

表 1.7 2004〜2013 年 NPB "無死走者なし" からの打順別得点確率・得点期待値

打順	機会数	得点回数	得点数	得点確率	得点期待値
1	32970	9336	17085	28.3%	0.518
2	13908	4068	7622	29.2%	0.548
3	13110	3779	6861	28.8%	0.523
4	18363	4877	8289	26.6%	0.451
5	17662	4163	7136	23.6%	0.404
6	15640	3436	6041	22.0%	0.386
7	15986	3268	5858	20.4%	0.366
8	15582	3356	6159	21.5%	0.395
9	14485	3471	6627	24.0%	0.458

プロ野球では 2 番打者にそれほど打力の高くない「つなぎ役」を配置することが主な理由だろう．もちろん，得点期待値はあくまでも一つの見方に過ぎず，実際の試合においては 2 番打者を送りバントなどの小技が得意な「つなぎ役」タイプにし，3〜5 番のい

わゆるクリーンアップに得点力の高い選手を配置する戦術が機能することもあるはずだ．しかし，この数値を見てしまうと，2番打者に一般的な3番打者をスライドさせ，3番打者に一般的な4番打者をスライドさせ…という配置が得点力を高めるのではないかとも考えてしまう．本章で紹介したように送りバントが得点期待値を高めないというデータをふまえると，わざわざ打力の低い選手を2番打者に置かず，強打者を2番，3番に置く打順の方が，機会の最も多い1番打者からの攻撃での得点力を高めることができるのではないかということだ．

　実際のところ，2004〜2013年のプロ野球で打順別のOPSを見ると，2番打者がチーム内で最も高いOPSを誇っていたという例がない．チーム内で2番目のOPSを誇ったチームもかろうじて3例あるのみ（2006年ヤクルト：2番打者は主にリグス，2010年西武：2番打者は主に栗山巧，2012年ロッテ：2番打者は主に根元俊一）だ．ちなみに，過去10年×12球団＝120チームの中で，チーム内で最も高いOPSを誇る打順を見ると「4番打者」が58チーム，「3番打者」が34チーム，「5番打者」が16チーム，「1番打者」が6チーム，「6番打者」が4チーム…という順番である．打順別の得点期待値の結果を見ても，もう少し「2番打者」に強打者を入れるという戦い方をしてみてはいかがだろうか，と思ってしまう．

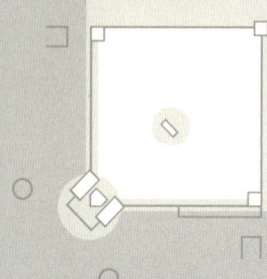

2 ホームランバッターか三割打者か？
──「全員イチロー」vs「全員バレンティン」

　1964 年に王貞治(巨人)が打ち立てたシーズン本塁打記録，55 本．49 年間塗り替えられることのなかったこの記録が，バレンティン(ヤクルト)が 2013 年シーズンに 60 本の本塁打を放ったことによって更新された．バレンティンは 2012 年シーズンも，規定打席未到達ながら 31 本の本塁打を打っており，セ・リーグの本塁打王となっている．13 年シーズンから採用されたボールの反発係数が改善されたことも影響したのだろうが，日本 3 年目のシーズンで投手にも慣れ，ミレッジというチームメートにも恵まれ，開幕時以外はほぼフル稼働で打席に立てたことでこのような大記録を樹立できたのだろう．

　バレンティンは本塁打のみならず，打点も 131 と好成績を残しているが，その上をいくのが，136 打点をマークしたブランコ(DeNA)だ．ではこの成績から「ブランコの方がバレンティンよりも得点能力が高い」と結論づけてよいのだろうか．そこで彼らの塁状況別打撃成績を見てみることにする(表 2.1)．

表 2.1 2013 年バレンティンとブランコの塁状況別打撃成績

	バレンティン					ブランコ				
ランナー	打数	打率	本塁打	打点	四球	打数	打率	本塁打	打点	四球
なし	238	.315	33	33	39	241	.307	22	22	19
一塁	85	.365	14	31	13	95	.326	11	24	12
一二塁	40	.250	4	17	7	38	.474	4	26	3
一三塁	16	.438	4	18	2	21	.381	1	15	5
二塁	30	.233	1	6	22	38	.289	1	10	15
二三塁	7	.571	0	7	5	14	.571	1	17	1
三塁	13	.615	3	11	14	19	.316	1	9	7
満塁	10	.300	1	8	1	17	.294	0	13	0
得点圏	116	.336	13	67	51	147	.381	8	90	31

表 2.1 をみると,バレンティンの得点圏(スコアリングポジションともいう,ランナーが二塁か三塁にいる場合)における打数がブランコより 31 少ないことがわかる.一方,四球の数はブランコより 20 も多い.つまりバレンティンはランナーが得点圏にいる状況で勝負を避けられがちだった.そのためランナーが得点圏にいるときの打点がブランコより 23 も少なくなっている.投手に勝負してもらえるかどうかは彼らの前後を打

ワンポイント●規定打席

規定打席とは,打率などの打撃ランキングの対象となるために必要な打席数で,現在は チームの試合数×3.1 と定められている(小数点以下は四捨五入).2012 年シーズンにおけるバレンティンの規定打席未到達での本塁打王というのは,2 リーグ制が始まって以降,日本のプロ野球史上初の記録である.

つ打者の力量や，チーム状況にも依存するだろう．バレンティンとブランコの例は，打点が個人の得点能力を如実に示しているとはいい難いことの証左である．

この章では，既存の打撃指標や近年提案されてきた指標を紹介していき，個人の打撃による得点能力を如実に表す指標が作られるプロセスとその考察を行う．

打率.000なのに，出塁率.400でチームに貢献

打者の指標として主要なものは，「打率」，「本塁打」，「打点」の3つと言われている．この3つがシーズンで最も高い選手はそれぞれ，首位打者，本塁打王，打点王と呼ばれ，表彰の対象となる．また3つのタイトルを独占した選手は三冠王と称され，打者最高の栄誉と言われる．日本のプロ野球で三冠王を達成した選手はこれまで7名いる（表 2.2）．

表 2.2 歴代三冠王の打撃成績

選手	チーム	シーズン	打率	本塁打	打点
中島治康	巨人	1938 秋	.361	10	38
野村克也	南海	1965	.320	42	110
王貞治	巨人	1973	.355	51	114
		1974	.332	49	107
落合博満	ロッテ	1982	.325	32	99
		1985	.367	52	146
		1986	.360	50	116
ブーマー	阪急	1984	.355	37	130
バース	阪神	1985	.350	54	134
		1986	.389	47	109
松中信彦	ダイエー	2004	.358	44	120

もちろん彼らが稀代の名打者であることに異論はないだろう．ただこの3つの指標が如実に彼らの「得点獲得能力」を示しているのだろうか．例えば「打点」という指標について考えてみよう．ソロホームランを30本打った打者の打点は30だが，満塁ホームランを10本打った打者の打点は40である．確かに打点は後者の方が大きいのだが，これは塁上の選手が事前に出塁していた結果の集積であって，「打点」が個人の得点能力というよりは，チームの出塁能力に大きく依存した指標であるとわかる．

　このように「打率」，「本塁打」，「打点」などは直感的にわかりやすい指標である半面，必ずしも個人の「得点獲得能力」を表したものではない．セイバーメトリクスでは，これら3つの指標以上に，選手個人の能力を示す指標を用いて評価を行っているのである．

　「打率」という指標は，安打を打てる確率を表すもので，選手の安打製造能力を示す重要な指標ではあるが，出塁する方法はなにも安打だけでない．四球や死球でも塁に出ることができ，それによってチームの得点力を上げることが可能である．選手が出塁できる確率を表す指標として「出塁率」が以下の式で定義されている．

$$出塁率 = \frac{(安打 + 四球 + 死球)}{(打数 + 四球 + 死球 + 犠飛)}$$

なお，出塁率の計算では，犠飛の数を分母に入れることになっている(打率を計算する際には分母に含めない)．これは，犠飛

が「0アウトもしくは1アウトで打った外野フライによってランナーがタッチアップし，本塁に生還したとき」に記録されるということで，もしランナーがいなければ，凡打と等しい打席結果とみなされるためである．

2013年のセ・リーグのデータ(表2.3)を見てみると，やはりバレンティンが.455と最も高い値となっており，打席のおよそ半分で出塁したことになる．

表 2.3　2013年セ・リーグ出塁率ランキング(出塁率，打率は規定打席到達者が対象)

	選手	チーム	出塁率	打率	打率順位	四球	四球順位
1	バレンティン	ヤクルト	.455	.330	2	103	2
2	阿部慎之助	巨人	.427	.296	6	86	3
3	ブランコ	DeNA	.416	.333	1	62	6
4	鳥谷敬	阪神	.402	.282	9	104	1
5	村田修一	巨人	.385	.316	3	50	11
6	丸佳浩	広島	.376	.273	15	85	4
7	和田一浩	中日	.370	.275	12	77	5
8	森野将彦	中日	.369	.286	8	54	9
9	マートン	阪神	.361	.314	4	42	18
10	石川雄洋	DeNA	.357	.275	13	51	10

このデータで出色なのが，鳥谷と丸の出塁率である．丸の打率はリーグ15位であるが，出塁率は.376でリーグ6位である．また鳥谷も打率が2割台ながら，出塁率は4割を超えている．これは2人の四球による出塁数の多さに起因しており，特に鳥谷は2011年シーズンから3年連続で「四球王」と，リーグ屈指の選球眼を誇っている．この能力は2013年春に開催されたWBC(ワールド・ベースボール・クラシック，国際野

球連盟(IBAF)公認の野球の世界一決定戦)でも発揮され,予選リーグ2次ラウンド台湾戦まで12打席で打率.000なのに,出塁率が.400という成績であった.その台湾戦では1点ビハインドの9回表,鳥谷が1死から四球で出塁し,そのあと盗塁を決め,井端のタイムリーヒットで同点のホームを踏むという殊勲を挙げている.

この出塁率は打率よりも得点との相関が強いことが,データ分析の結果から判明し,セイバーメトリクスを用いてチームを編成する場合,出塁率が重要視されるようになってきている(図2.1,2.2).

しかし,この出塁率においては,単打,四球といった1進塁の打席結果と本塁打という打者4進塁かつ,塁上すべての走者を本塁にかえすという打席結果を同じ重みで計算を行っているため,長打が打てる選手であるかどうかの評価を行うことができない.

そこで,「打撃によって得られる1打席あたりの塁打数」を表す指標として「長打率」がある.つまり安打にそれぞれ,単

ワンポイント●相関係数

相関係数とは,2つの変数が変動する際に,どのくらい関連があるかを示す統計学的指標である.値は -1 から 1 の間の数値で表され,その絶対値が 1 に近いほど相関が強いといい,0 に近いほど無相関であるという.

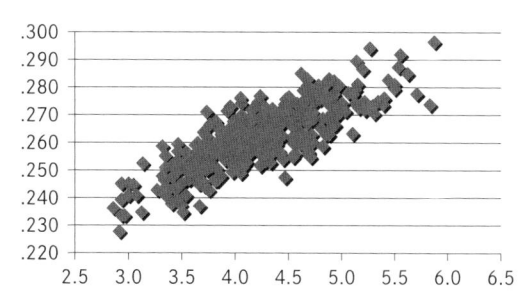

図 2.1　1984 年から 2013 年シーズンにおけるチームの得点と打率の相関図（相関係数 0.81）

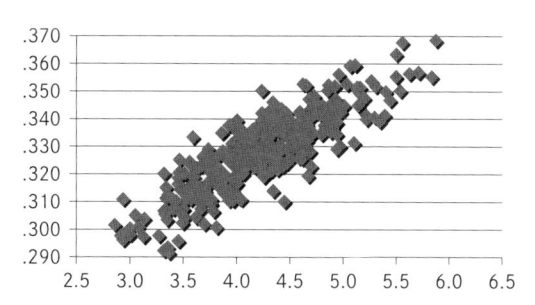

図 2.2　1984 年から 2013 年シーズンにおけるチームの得点と出塁率の相関図（相関係数 0.86）

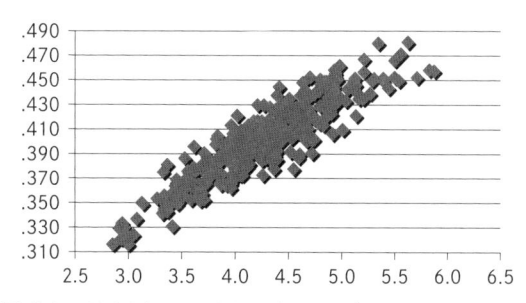

図 2.3　1984 年から 2013 年シーズンにおけるチームの得点と長打率の相関図（相関係数 0.91）

打に 1,二塁打に 2,三塁打に 3,本塁打に 4 という重みをつけ,その加重平均を求めたものである.

$$\text{長打率} = \frac{(\text{単打} \times 1 + \text{二塁打} \times 2 + \text{三塁打} \times 3 + \text{本塁打} \times 4)}{(\text{打数})}$$

「長打率」も「打率」より得点との相関が強い指標である.図 2.1〜2.3 を比較しておくと,少しずつであるが,だんだんデータが一直線上に並ぶ傾向にあることがわかる.ちなみに 2013 年シーズンのバレンティンの長打率は.779 であり,これは 1986 年にバースによって記録された.777 を抜き,日本プロ野球における歴代最高記録である.

「得点能力」を評価する指標 OPS

前述の出塁率と長打率を加算した指標を OPS(On-base Plus Slugging)という.

OPS =(出塁率)+(長打率)

これは 1984 年ごろ,セイバーメトリクスの提唱者であるビル・ジェイムズらによって開発された指標である.この指標の数理的背景を考察してみよう.出塁率は,すべての安打・四死球を同じ重みで見ているのに対し,長打率は安打で獲得できた塁数で重みづけしている.それを加算することで,四死球に 1,単打に 2,二塁打に 3,三塁打に 4,本塁打に 5 という重みをつけて平均をとったような指標となっている(出塁率と長打率の分母が異なるため,厳密な意味で加重平均にはなっていな

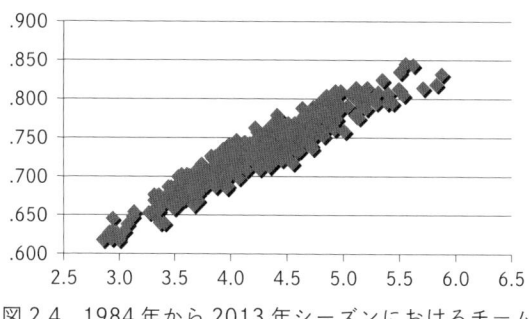

図 2.4 1984 年から 2013 年シーズンにおけるチームの得点と OPS の相関図（相関係数 0.95）

いことに注意）．この指標はもともとメジャーリーグで公式記録となっていた出塁率，長打率を単純に加算するだけなので，算出も簡単である．しかも，OPS は出塁率，長打率よりも得点との相関が強いことが明らかになり，より一層選手の得点能力を示す指標として重用されるようになった（図 2.4）．

ただ，得点期待値から算出されるプレーの得点価値と比較すると，OPS では出塁率が過小評価されているということが指摘された．そこで，近年では，出塁率に適切な係数をかけた指標が提案されている．1984〜2013 年の日本プロ野球のデータを分析した結果，長打率 1 に対し，出塁率 1.57 の比率となる係数が最適であると判明した．つまり，

$$1.57 \times (出塁率) + (長打率)$$

という構造を持つ指標の方が，日本のプロ野球にはより適合することになる．

ではここで，2013 年シーズンにおける OPS ランキング（表 2.4）をみてみよう．

表 2.4 2013 年シーズン OPS ランキング（規定打席の 1/2 以上の打者が対象）

	セ・リーグ	チーム	OPS	パ・リーグ	チーム	OPS
1	バレンティン	ヤクルト	1.234	浅村栄斗	西武	0.943
2	ブランコ	DeNA	1.049	中田翔	日本ハム	0.932
3	梶谷隆幸	DeNA	1.047	長谷川勇也	ソフトバンク	0.903
4	阿部慎之助	巨人	0.991	井口資仁	ロッテ	0.902
5	ルナ	中日	0.919	マギー	楽天	0.891
6	村田修一	巨人	0.896	李大浩	オリックス	0.878
7	平田良介	中日	0.853	アブレイユ	日本ハム	0.863
8	マートン	阪神	0.845	柳田悠岐	ソフトバンク	0.860
9	キラ	広島	0.840	内川聖一	ソフトバンク	0.853
10	ロペス	巨人	0.836	糸井嘉男	オリックス	0.852

バレンティンの記録は 2013 年の中では群を抜いている．しかもこの値は歴代 5 位に相当するきわめて優秀な記録なのである（表 2.5）．ここでセ・リーグ 3 位の選手に注目してほしい．DeNA の梶谷隆幸が 1.047 という高い数値を記録している．ただ梶谷はこのシーズン，規定打席には到達していない．前半戦は出場機会に恵まれなかったが，後半戦から遊撃手のレギュラーとして試合に出場すると，長打を量産し 8 月だけで OPS が 1.255 という好成績を残した．またシーズン終了後の 11 月には日本代表メンバーに選出されるなど，次シーズン以降の活躍が期待される選手である．

表 2.5　歴代シーズン OPS ベスト 5
　　　　（出塁率はすべて現在の計算式で算出）

	選手	チーム	シーズン	OPS
1	王貞治	巨人	1974	1.293
2	バース	阪神	1986	1.258
3	王貞治	巨人	1973	1.255
4	落合博満	ロッテ	1985	1.244
5	バレンティン	ヤクルト	2013	1.234

　歴代 1 位から 4 位までは，いずれも三冠王を達成したシーズンでの記録である．なお王貞治が 55 本塁打を記録した 1964 年シーズンよりも，1973,74 年の方が高いのは，安打や四球の多さによる出塁率の上昇が原因で，1974 年はシーズン 158 四球（うち敬遠 45，ともに史上 1 位）で，現在の計算式で算出すると出塁率はなんと .532 であった．つまり打席の半数以上出塁したことになる．

走塁能力や進塁させる能力も加味した打撃指標

　前述の OPS は，計算が容易であるが，得点との相関が高いことで重用された．しかし，得点能力を測る上で打撃とともに重要となる「走塁能力」，さらには犠打，犠飛といったランナーを進塁させる能力が考慮されていないという欠点も指摘されてきた．

　そこで，ビル・ジェイムズは 1985 年に自身の著書の中で，そういった能力を加味した指標のひとつとして，RC(Runs Created) を考案した．RC の基本構造は

$$\frac{(出塁能力)\times(進塁能力)}{(出塁機会)}$$

であり,改良や肉付けを重ね,現在提案されている最新の2002年バージョンのRCは以下の通りである.

$$\mathrm{RC} = \frac{(A+2.4C)(B+3C)}{9C} - 0.9C$$

ここで,

$A =$ (安打)+(四球)+(死球)−(盗塁刺)−(併殺打)

$B =$ (塁打)+0.24×{(四球)+(死球)−(敬遠)}
  +0.62×(盗塁)+0.5×{(犠打)+(犠飛)}
  −0.03×(三振)

$C =$ (打数)+(四球)+(死球)+(犠打)+(犠飛)

である.

このRCはチーム全打者の合計がチームの総得点とほぼ等しくなるように作成される指標である.そのため個人のRCはチーム得点の中で何点分の貢献をしたかを表す.

では,RCの構造についてもう少し掘り下げてみよう.この式の構造は「標準的な8人の打者と一緒に打線を組んだときに生み出せる得点能力から,標準的な選手8人が生み出せる得点能力を引いたもの」というちょっと複雑なものである.そして打線の得点能力は,出塁能力と進塁させる能力の積で表されるという考え方である.

出塁能力の項について説明すると，標準的な選手の出塁率を 0.3 としたとき，9 人（対象選手と標準的な選手 8 人）で組む打線の出塁能力は $A+0.3\times8\times C=A+2.4C$ となる．また進塁させる能力の項において，標準的な選手の長打率を 0.375 としたとき，打線の進塁能力は $B+0.375\times8\times C=B+3C$ となる．よって打線による得点創出能力

$$\frac{(A+2.4C)(B+3C)}{9C}$$

から対象選手を除く，標準的な 8 人による得点創出能力を表す式

$$8\times0.3\times0.375\times C = 0.9C$$

を減算することで，対象選手の得点創出能力を測ろうというものである．

　また，統計学でいうところの重回帰式のような形で表されている XR（Extrapolated Runs）という指標もよく知られている．

　この XR は，各打撃成績の項目に重みづけして加減することで，選手個人の得点獲得能力を示そうとするものであり，

$$\begin{aligned}
\text{XR} = {} & 0.5\times(\text{単打})+0.72\times(\text{二塁打}) \\
& +1.04\times(\text{三塁打})+1.44\times(\text{本塁打}) \\
& +0.34\times\{(\text{四球})+(\text{死球})-(\text{敬遠})\}+0.25\times(\text{敬遠}) \\
& +0.18\times(\text{盗塁})-0.32\times(\text{盗塁刺}) \\
& -0.09\times(\text{打数}-\text{安打}-\text{三振}) \\
& -0.098\times(\text{三振})-0.37\times(\text{併殺打}) \\
& +0.37\times(\text{犠飛})+0.04\times(\text{犠打})
\end{aligned}$$

で表される．

RCやXRの式にある係数は，もともとメジャーリーグのデータから算出されたものであり，さらには，計算された当時に収集されたデータを利用して求められている．これをそのまま現代の日本のプロ野球のデータにあてはめたとき，誤差が生じるのは致し方ないことといえよう．そこで日夜，日本のプロ野球のデータにアジャストするような指標の開発が行われている．その一例として，データスタジアム社とSAS Institute Japan社の増川直裕氏とで共同研究している，日本プロ野球版のXRについて紹介する．SAS Institute Inc.が開発した統計解析ソフトウェアJMP ®を用いて分析を行った結果，日本版XRとして，

日本版 XR $= 0.498\times$(単打)$+0.810\times$(二塁打)

$\qquad +0.900\times$(三塁打)$+1.456\times$(本塁打)

$\qquad +0.332\times\{$(四球)$+$(死球)$-$(敬遠)$\}$

$\qquad +0.167\times$(敬遠)$+0.202\times$(盗塁)

$\qquad -0.482\times$(盗塁刺)$-0.105\times\{$(打数)$-$(安打)$\}$

$\qquad -0.374\times$(併殺打)$+0.505\times$(犠飛)

という式が提案されている.

1 番から 9 番までイチローなら何点とれる？

RC, XR は打席数が多くなるにつれてその数値が上昇するので，個人の能力を比べる場合は打撃の機会数で調整したRC27，XR27 という指標で評価することが多い.

RC27
$$= \frac{\text{RC}\times 27}{(\text{打数})-(\text{安打})+(\text{犠打})+(\text{犠飛})+(\text{盗塁刺})+(\text{併殺打})}$$

XR27
$$= \frac{\text{XR}\times 27}{(\text{打数})-(\text{安打})+(\text{犠打})+(\text{犠飛})+(\text{盗塁刺})+(\text{併殺打})}$$

これらの値は，「1 番から 9 番まですべてその選手で組まれたオーダーによる期待得点」として評価される．表 2.6 に 2013 年 NPB シーズンの RC27 のランキングを示す．

表 2.6　2013 年シーズン RC27 ランキング（規定打席の 1/2 以上の打者）

	セ・リーグ	チーム	RC27	パ・リーグ	チーム	RC27
1	バレンティン	ヤクルト	11.94	長谷川勇也	ソフトバンク	7.86
2	ブランコ	DeNA	9.41	浅村栄斗	西武	7.58
3	梶谷隆幸	DeNA	9.01	中田翔	日本ハム	7.25
4	阿部慎之助	巨人	8.80	井口資仁	ロッテ	7.03
5	ルナ	中日	7.61	柳田悠岐	ソフトバンク	6.99
6	村田修一	巨人	7.07	糸井嘉男	オリックス	6.89
7	キラ	広島	6.35	マギー	楽天	6.75
8	鳥谷敬	阪神	6.22	李大浩	オリックス	6.52
9	森野将彦	中日	6.08	栗山巧	西武	6.31
10	平田良介	中日	5.96	内川聖一	ソフトバンク	6.20

1 番から 9 番まですべてバレンティンという夢のオーダーが組まれたら，11.94 点という高得点が期待できるということになる．なお，この値は歴代 13 位に相当する．

ここで，過去も含めた名選手たちの RC27 について言及する．オリックス時代のイチローは 210 安打を記録した 1994 年に 9.89 という高い数値を残している．メジャーリーグ移籍前，日本球界ラストシーズンとなった 2000 年は，脇腹を痛めたことにより 8 月下旬以降ほぼ試合に出ることができず，出場数は 105 にとどまったが，OPS は 0.999，RC27 も 10.55 と，ともに自己最高を記録している．

巨人に在籍した松井秀喜は，やはりメジャーリーグ移籍前，日本球界ラストシーズンの 2002 年にシーズン 50 本塁打を記録．このときの RC27 は自己最高の 11.62 を記録している（ちなみに OPS は 1.153）．これは王貞治を除いた巨人の歴代最高

である．ちなみに巨人の歴代シーズン RC27 ランキングは 1 位から 9 位までが王貞治で占められており，10 位に 2002 年の松井が入る．

その王貞治であるが，三冠王となった 1973,74 年の RC27 はそれぞれ 13.67，14.52 で，これが歴代 3 位と 1 位の記録である．その間に入る歴代 2 位は阪神のバースで，やはり三冠を達成した 1986 年に 13.68 を記録している．また 1985 年の落合博満（ロッテ）は 12.71，1986 年は 12.63，2004 年の松中信彦（ダイエー）は 12.33 と，三冠王の RC27 はやはり高い数値となっている．ところが，三冠王でも 1984 年のブーマー（阪急）が 9.13，1965 年の野村克也（南海）が 8.53 と意外に低い．これは四球による出塁が際立つほどではないこと，併殺打が多いことに原因がありそうだ．もちろん両名ともパ・リーグを代表した一流の打者であったことには間違いないが，RC27 という指標で見ると最上位の評価というわけではない．また，今回は年度をまたいで選手の能力を比較したが，年度によって得点の入りやすさなどが異なるため，本来ならもっと慎重に比べるべきであることを付言しておく．

その打撃は何点分？

近年では，単打 1 本や本塁打 1 本が，どれだけ「得点」に影響しているかを測ることによって，より明瞭に打撃成績から得点能力を計算しようとする試みが多く行われている．その中で最も利用されている指標が，セイバーメトリクスの研

究者で，メジャーリーグのシアトル・マリナーズのコンサルタントも務めたトム・タンゴによって考案された重み付き出塁率 wOBA(weighted On-Base Average)である．MLB のデータから算出された wOBA の公式は，

$$\text{wOBA} = \{0.62\times(四球-敬遠)+0.65\times(死球)$$
$$+0.77\times(単打)+0.81\times(失策出塁)$$
$$+1.08\times(二塁打)+1.37\times(三塁打)$$
$$+1.70\times(本塁打)\}$$
$$\times\frac{\text{wOBAscale}}{(打数)+(四球)-(敬遠)+(犠飛)+(死球)}$$

である．各項の係数は，アウトをとられることで失う得点価値を基準にした各プレーの得点価値を表している．つまり単打を打った，本塁打を放ったというさまざまな打席結果が起こったことによって得点期待値がどれだけ上がったかを，実際のデータから計算し，プレー前後の差分をそのプレーの得点価値とみなすのである．なお，wOBA はその平均が実際の出塁率の平均に近づくように調整するため，wOBA scale と呼ばれる係数を乗じて算出される．wOBA scale は本来，年度ごとに変えるものではあるが，MLB の基本的な数値は 1.15 とされている．

この wOBA を利用して，打撃による貢献度を表す指標 wRAA(weighed Runs Above Average)が算出される．これはリーグの平均的な打者に比べ，どれだけ得点を増やすことができたかを示す指標となっており，

$$\text{wRAA} = \frac{(対象打者の wOBA) - (リーグ平均の wOBA)}{\text{wOBAscale}}$$
$$\times (対象打者の打席数)$$

で計算される.

ここで,2004年から2013年の日本プロ野球のデータをもとに,各プレーの得点価値を算出し,日本版 wOBA を求めてみよう.まずは各プレーの得点価値を表2.7に示す.

表 2.7 各プレーの得点価値

項目	得点価値	アウト分を加算
敬遠でない四球	0.29	0.55
死球	0.32	0.58
単打	0.44	0.70
失策出塁および野選	0.48	0.74
二塁打	0.78	1.04
三塁打	1.13	1.39
本塁打	1.42	1.68
アウト	-0.26	0.00

この表から,例えば二塁打1本打つことは0.78点分の価値に相当するということがいえる.ここで,アウトの得点価値が0となるように各項目に0.26を加算し,それを係数とした多項式を考える.この多項式に過去10年分のデータを代入して得られた平均値は0.259となることから,平均出塁率0.325と等しくなるようにwOBA scale を1.25として調整を行う.これによって導かれた日本版 wOBA の算出式は,

$$日本版 wOBA = \{0.55\times(四球-敬遠)+0.58\times(死球)$$
$$+0.70\times(単打)$$
$$+0.74\times(失策出塁+野選)$$
$$+1.04\times(二塁打)$$
$$+1.39\times(三塁打)$$
$$+1.68\times(本塁打)\}$$
$$\times \frac{1.25}{(打数)+(四球)-(敬遠)+(犠飛)+(死球)}$$

となる.この計算式により算出された2013年シーズンセ・リーグのwOBAとwRAAを表2.8で示す.

表2.8 2013年セ・リーグのwOBAとwRAA
(規定打席の1/2以上の打者が対象.リーグのwOBAは.328)

選手	チーム	打席数	wOBA	wRAA
バレンティン	ヤクルト	547	.511	80.1
ブランコ	DeNA	558	.446	53.0
阿部慎之助	巨人	529	.428	42.3
村田修一	巨人	595	.401	34.8
梶谷隆幸	DeNA	287	.459	30.1
ルナ	中日	356	.415	24.8
マートン	阪神	613	.376	23.6
鳥谷敬	阪神	643	.373	23.2
平田良介	中日	414	.388	20.0
丸佳浩	広島	601	.362	16.6

この指標は第5章で述べるWARを算出する際の基礎となる重要なものである.

コラム　長打力や選球眼の良さだけを数値化すると

IsoP（Isolated Power）とは長打率から打率を引いたもので，式変形すると

$$\text{IsoP} = \frac{(\text{二塁打}+\text{三塁打}\times 2+\text{本塁打}\times 3)}{(\text{打数})}$$

となる．つまり二塁打以上の長打を打てる力を如実に表す指標として用いられる．

極端な話，打率が 4 割でも，安打すべてが単打であれば，IsoP は 0 である．表 2.9 に 2013 年の IsoP のデータを示す．

表 2.9　2013 年シーズンの IsoP ランキング（規定打席の 1/2 以上の打者が対象）

	選手	チーム	IsoP
1	バレンティン	ヤクルト	0.449
2	ブランコ	DeNA	0.300
3	梶谷隆幸	DeNA	0.287
4	阿部慎之助	巨人	0.268
5	中田翔	日本ハム	0.246
6	ボウカー	巨人	0.240
7	浅村栄斗	西武	0.238
8	マギー	楽天	0.222
8	アブレイユ	日本ハム	0.222
10	キラ	広島	0.219

IsoP ランキングには，長距離砲が並んでいるが，バレンティンの 0.449 は突出した値である．

IsoD（Isolated Discipline）とは，出塁率から打率を引いたもので，四死球による出塁を測れる指標である．つまり選球眼の良

さの数値化の例といってもよいだろう．平均は **0.06** から **0.07** で，**0.1** を超えると選球眼が一流のバッターと称される（表 **2.10**）．

表 2.10 2013 年シーズンの IsoD ランキング（規定打席の 1/2 以上の打者が対象）

	選手	チーム	IsoD
1	ジョーンズ	楽天	0.148
2	阿部慎之助	巨人	0.131
3	バレンティン	ヤクルト	0.125
4	鳥谷敬	阪神	0.120
5	栗山巧	西武	0.117
6	廣瀬純	広島	0.109
7	清田育宏	ロッテ	0.104
8	キラ	広島	0.1033
9	丸佳浩	広島	0.1031
10	石原慶幸	広島	0.102

ランキング上位 3 人は長打力にも優れているため，選球眼の良さよりも，相手がまともに勝負しないために数値の良さが跳ね上がると想像する．また前述の鳥谷，丸もランキングに入っており，こちらは選球眼の良さによる高評価といえよう．特に初のクライマックスシリーズ進出をはたした広島勢が 4 名ランクインしていることは注目すべきで，2013 年のチーム IsoD はリーグ 2 位である．1 位のヤクルトはバレンティンの影響が大きかったが，広島はチーム全体で出塁力を高めていたことがわかる．

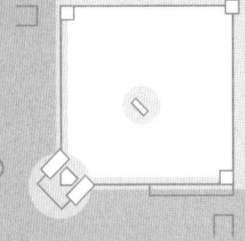

3 防御率だけでは見えない
　　名投手の条件
——失点に占める投手の責任の割合

　「楽天イーグルス，ピッチャーの交代をお知らせいたします．則本に代わりまして，背番号 18，田中将大！」

　2013 年の日本シリーズ第 7 戦，8 回裏終了後に流れたこのアナウンスに，K スタ宮城(宮城球場の当時の呼称)の観客はどよめく．前日の試合で 160 球を投げ完投したものの，その年唯一の黒星を喫した楽天の絶対的エース，田中将大が，3 点リードの状況で 9 回のマウンドにあがったのである．そして 2 安打は許したものの 15 球の投球の末，無失点で抑え，楽天を初の日本一に導いた．このシーンに象徴されるように，2013 年は田中将大が八面六臂の活躍を見せたシーズンとなった．レギュラーシーズンでは 27 試合に先発登板し，24 勝 0 敗．史上初の無敗の最多勝投手となった．

　田中の 24 勝 0 敗が大きな話題となるように，投手の指標で最も一般的なのは勝利数と敗戦数だろう．しかし，本当に勝利数が投手の能力をそのまま表しているのだろうか．勝利数が多ければ，優秀な投手と評価されがちだが，勝利投手となるには，打線の援護も必要となってくるので，勝利数は自身の力だ

けでなく,チーム力に大きく依存する指標であると考えた方がよいだろう.また勝ち負けの記録がつきにくい救援投手の評価指標にはなりにくい.現在の野球ではクローザーと呼ばれる交代完了型の投手の評価としてセーブが,中継ぎ投手の評価としてホールドと呼ばれるものがあるが,これもチーム力に依存する指標である.

　また,投手の評価法のひとつとして「防御率」がある.これは,自責点を投球回数で割って,9を掛けた値で,1試合(9イニング)あたりの自責点の期待値と言える.防御率は先発,救援の区別なく投手の失点回避能力を示す指標として有用とされてきた.しかしこの防御率も,さまざまな欠陥が指摘されている.例えば,自責点に結びついた直接の原因は投手だけにあるわけでなく,守備力の低さによるもの,さらにいえばポテンヒットのような運の要素によるものも多分にあると思われるのだ.

　この章では,セイバーメトリクスによる投手評価の指標を紹介し,投手個人の能力を測るためのいろいろな方策について考

ワンポイント●自責点

　自責点とは,投手の責任とされる失点のことである.安打や四死球などで出塁した走者が得点したときに自責点としてカウントされる.一方,失策や捕逸による失点は自責点にならない.

察していく.

先発投手の役目は6回を3点以下に抑えること

野球の試合では「勝利投手」「敗戦投手」というように,勝敗を投手の責任として記録している.では「勝利投手」になるための条件についておさらいしよう.公認野球規則を要約すると,勝利投手の権利を手に入れる条件は,以下のようになっている.

(1) 先発投手が5回以上を投げ,降板した時点で味方のチームがリードしている場合,先発投手は勝利投手の権利を手に入れることができる.天災等により5回終了のコールドゲームである場合は,先発投手が4回以上投げた上でコールド適用時までに同点・逆転を許さなかった場合(リードを保った場合)に勝利投手の権利がある.ただし,投球回が3回までと制限があるオールスターゲームにおいては投球回の規定は考慮されない.

(2) 救援投手が同点あるいは負けている場面で登板し,降板する前にチームが勝ち越した場合,原則としてその救援投手に勝利投手の権利が与えられる.また,先発投手が5回未満で降板し,その時点で味方のチームがリードしている場合,チームの勝利に最も効果的な投球をしたと公式記録員が判断した救援投手が勝利投手となる.

細かい規定はほかにもあるが,おおよその意味は,自身が登板しているときにチームがリードし,そのまま試合が終われ

ば勝利投手となるのである．極端な話，自身が9失点しても味方が10点取ってリードしている状況であれば，勝利投手の権利はあるということである．逆に言えば，自身が1失点でも，味方の援護点がなければ敗戦投手となってしまう(ちなみに通算勝利数400勝の金田正一は敗戦数298でこれも日本最多である．金田は15年間，国鉄(現ヤクルト)に在籍していたが，打線の援護に恵まれないことが多く，15年連続で2ケタ敗戦となっている．ただし，その15年間で負け越したのは3回のみである)．

このように勝利数は投手の力量だけでなく，チームの打撃能力に大きく依存する指標である．そこでメジャーリーグでは先発投手としての責任を果たしたことを示す指標として，クオリティスタート(QS, Quality Start)が用いられている．

これは「先発で6回以上登板し，自責点3以下に抑えた」ときに記録されるものである．全先発数におけるクオリティースタートの比率をQS率と呼ぶが，この比率が高ければ，先発として安定し，試合を作ることができる投手であると評価できるのである．

そこで2013年シーズンのパ・リーグの記録を見てみる(表3.1)と，田中はレギュラーシーズン27試合先発登板のうち，QSは27，つまり100%のQS率でチームに大きく貢献したのである．

またクライマックスシリーズファイナルステージ第1戦，日本シリーズ第2戦でもQSが記録されたが，唯一の敗戦投手と

表 3.1　2013年パ・リーグのQS率ランキング
（規定投球回数到達者が対象）

	選手	チーム	QS率	QS	勝利	敗戦	防御率
1	田中将大	楽天	100.0%	27	24	0	1.27
2	金子千尋	オリックス	86.2%	25	15	8	2.01
3	岸孝之	西武	69.2%	18	11	5	3.08
4	攝津正	ソフトバンク	68.0%	17	15	8	3.05
4	則本昂大	楽天	68.0%	17	15	8	3.34
6	牧田和久	西武	65.4%	17	8	9	2.60
6	吉川光夫	日本ハム	65.4%	17	7	15	3.31
8	唐川侑己	ロッテ	63.0%	17	9	11	4.18

なった日本シリーズ第6戦では9回自責点4のためQSは記録されていない．

2012年に14勝を挙げ，ダルビッシュが抜けた穴を埋めるとともに日本ハム優勝の立役者となった吉川は，2013年7勝で終わったが，QS率は65.4%と2012年の68.0%とほぼ同じである．またQSが17であるにもかかわらず勝利が7ということは，それだけ打線の援護に恵まれなかったとも言える．

「6回自責点3」を防御率に換算すれば4.5となり，一般的にはあまり良い評価と言えないQSの基準だが，この基準の根拠には諸説ある．一番もっともらしい理由は「わかりやすくて覚えやすい」とのこと．ただデータの観点からみれば，プロ野球の1試合における平均得点が4点台であるため，3失点で抑えたときと4失点以上のときの期待勝率が段違いであることから，この基準が生まれたとも言えそうだ．

表 3.2 2013 年シーズンの先発時 WHIP ランキング
（先発登板時での規定投球回数到達の投手が対象）

セ・リーグ	チーム	WHIP	パ・リーグ	チーム	WHIP
前田健太	広島	0.96	田中将大	楽天	0.94
能見篤史	阪神	1.08	金子千尋	オリックス	1.00
杉内俊哉	巨人	1.12	岸孝之	西武	1.04
小川泰弘	ヤクルト	1.12	攝津正	ソフトバンク	1.11
バリントン	広島	1.13	則本昂大	楽天	1.14
メッセンジャー	阪神	1.15	十亀剣	西武	1.22
菅野智之	巨人	1.16	牧田和久	西武	1.25

表 3.3 2013 年シーズンの救援時 WHIP ランキング
（救援登板時での規定投球回数の 1/3 以上登板の投手が対象）

セ・リーグ	チーム	WHIP	パ・リーグ	チーム	WHIP
マシソン	巨人	0.89	森福允彦	ソフトバンク	0.85
山口鉄也	巨人	0.96	サファテ	西武	0.92
加藤康介	阪神	0.97	嘉弥真新也	ソフトバンク	0.97
大原慎司	DeNA	1.02	千賀滉大	ソフトバンク	1.03
西村健太朗	巨人	1.09	五十嵐亮太	ソフトバンク	1.05
ソーサ	DeNA	1.19	比嘉幹貴	オリックス	1.06
岡田俊哉	中日	1.20	佐藤達也	オリックス	1.12

「いかにランナーを出さないか」を示す指標

投手が許す出塁数を少なくすれば，おのずと失点が減少するという観点から，「1 イニングあたりに許す出塁数」を表す指標が重要視されるようになった．この指標を WHIP (Walks plus Hits per Inning Pitched) と呼び，

$$\mathrm{WHIP} = \frac{(被安打＋与四球)}{(投球回数)}$$

で求められる．

この値が小さければ，出塁されにくい安定した投手と評価される．一般に先発投手であれば，1.2以下でエース級と評価される．また投球イニングの少ない救援投手の評価としても有用である．

2013年シーズンのデータ(表3.2，3.3)を見ると田中は広島の前田健太と並び，先発投手として1を下回る安定ぶりを示している．

ポテンヒットは投手の責任？

2000年頃，メジャーリーグのボストン・レッドソックスのコンサルタントを務めたこともあるボロス・マクラッケンは投手の評価手法として，DIPS(Defense Independent Pitching

> **ワンポイント●統一球**
>
> 日本のプロ野球では2011年のシーズンから公式球は1社によって独占供給されている．これを統一球という．それ以前は球団ごとに異なるメーカー製のボールが採用されており，メーカーによってボールの飛びやすさに違いがあるといわれていた．この変更によって2011年には本塁打数が前年の1605本から939本に激減した(2011, 12年は検査されたボールの反発力係数の平均値がアグリーメントに定められた基準値の下限を下回っていた)．2013年にこの統一球の仕様が公表なしに変更され，より飛びやすいボールになっていた．

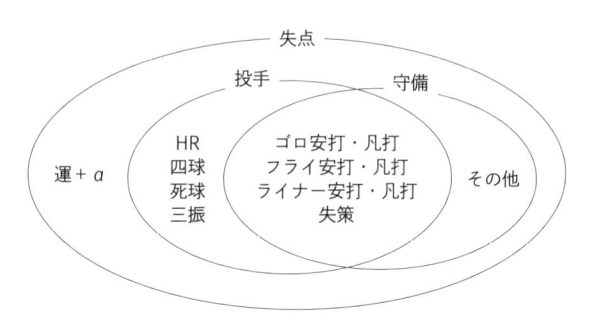

図 3.1 野球の失点の構造

Statistics)なるコンセプトを提唱した．それは失点に関して「投手自身の力量に依存する部分」と「投手の力量に依存しない部分」に分け，「投手自身の力量に依存する部分」だけで投手を評価しようとするものである．

マクラッケンによれば，野球の失点の構造は図 3.1 に示されるようになる．

フィールド内に飛んだゴロやフライがヒットになるか，アウトになるかは，投手だけでの責任ではなく，守備の力量にも責任があると考えられるし，さらにはポテンヒットのような運の要素も多分に入ってくると考えられる．そのように考えられる理由のひとつとして，BABIP(Batting Average on Balls In Play)の値の不安定性がある．BABIP とは「インプレー打率」とも訳され，

$$\mathrm{BABIP} = \frac{(被安打 - 被本塁打)}{(打数 - 奪三振 - 被本塁打 + 被犠飛)}$$

で与えられる．つまり本塁打を除く，フィールド内に飛んだ打

球のうち,安打になった割合を示している.近年の研究では,BABIPは優秀な投手であっても年度によって値の変動が大きく,フィールド内に飛んだ打球が安打になるかどうかには,多分に運の要素や守備力,球場の形状などが絡んでいるとされている.

そこで「投手自身の力量に依存する部分」である奪三振,与四死球,被本塁打のみによって投手を評価しようとするのがDIPSのコンセプトである.

この3つの高低を示す指標として,9イニングあたりの奪三振,与四球,被本塁打があり,それぞれK/9,BB/9,HR/9と表す.K/9,BB/9,HR/9はそれぞれ次の式で表される.

$$K/9 = \frac{奪三振 \times 9}{投球回数}$$

$$BB/9 = \frac{与四球 \times 9}{投球回数}$$

$$HR/9 = \frac{被本塁打 \times 9}{投球回数}$$

研究によると,これらの指標は年度による変動がBABIPほど大きくなく,投手のポテンシャルを示す指標であるとも考えられている.田中,前田のデータが表3.4だ.

例えば,前田の場合,K/9,BB/9,HR/9は毎年安定しているが,2013年はBABIPが.248と低かった.BABIPの性質上,2014年はもう少し大きな値になるのではないかと推測されるのだ.

一方で,田中はBB/9が毎年1前後と,与四球の少なさに

表 3.4 田中と前田の K/9, BB/9, HR/9, BABIP の経年変化

		2011	2012	2013
田中将大	K/9	9.58	8.79	7.77
	BB/9	1.07	0.99	1.36
	HR/9	0.32	0.21	0.25
	BABIP	.293	.321	.277
前田健太	K/9	8.00	7.46	8.09
	BB/9	1.79	1.92	2.05
	HR/9	0.58	0.26	0.67
	BABIP	.280	.270	.248

大きな特徴がある．起用する側の目線で考えると，奪三振が多いが，それに比例して与四球が増えるような「一人相撲」の投手はなかなか評価しづらい．そこで，その比率を示す K/BB が考案された．与四球に対する奪三振の比率によって，その投手がストライクゾーンで勝負できる度合いを示しているものと捉えることができる．与四球が少なく奪三振がそれなりに多い田中は，このデータが群を抜いて高い（表 3.5）．なお 2011 年と 2012 年シーズンは 8.93，8.89 と段違いの値であった．これは反発係数が低い統一球が使用されていたため，本塁打になるリスクが少なく，ストライクゾーンで勝負しやすかったことも影響していると想像される．

先発投手もリリーフ投手も含めて能力を評価する

さて，「奪三振」「与四球」「被本塁打」といった投手の責任とされる指標から，投手個人の能力を測るための指標作りが各所から提案されてきた．その中でもトム・タンゴによって提案

表 3.5　2013 年シーズンの先発時 K/BB ランキング
（先発登板時での規定投球回数到達の投手が対象）

セ・リーグ	チーム	K/BB	パ・リーグ	チーム	K/BB
菅野智之	巨人	4.03	田中将大	楽天	5.84
前田健太	広島	3.95	岸孝之	西武	4.45
三浦大輔	DeNA	3.30	攝津正	ソフトバンク	3.48
メッセンジャー	阪神	3.23	金子千尋	オリックス	3.45
能見篤史	阪神	3.10	西勇輝	オリックス	3.26

表 3.6　2013 年シーズンの救援時 K/BB ランキング
（救援登板時での規定投球回数の 1/3 以上登板の投手が対象）

セ・リーグ	チーム	K/BB	パ・リーグ	チーム	K/BB
マシソン	巨人	4.28	平野佳寿	オリックス	5.07
加藤康介	阪神	4.15	比嘉幹貴	オリックス	4.91
山口鉄也	巨人	3.24	森福允彦	ソフトバンク	4.50
久保康友	阪神	2.71	益田直也	ロッテ	4.13
ソーサ	DeNA	2.57	増井浩俊	日本ハム	3.94

された FIP（Fielding Independent Pitching）が頻用されている．その公式は，

$$\text{FIP} = \frac{\{13 \times \text{被本塁打} + 3 \times (\text{与四球} + \text{与死球} - \text{敬遠}) - 2 \times \text{奪三振}\}}{(\text{投球回数})} + \text{リーグごとの補正値}$$

で与えられる．なお補正値は，

$$\text{リーグ全体の}\left[\text{防御率} - \frac{\{13\times\text{被本塁打}+3\times(\text{与四球}+\text{与死球}-\text{敬遠})-2\times(\text{奪三振})\}}{(\text{投球回数})}\right]$$

である.日本ではトム・タンゴによる定義の一部を参考にし,3.12 を補正値として用いることが多い.

FIP の係数は,第 1 章でも紹介した各プレーの得点価値をもとに算出されている.本塁打の得点価値が 1.42,敬遠でない四球が 0.29,三振は -0.25,フェアゾーンに飛んだ打球(BIP)は -0.02 であった.ここで BIP を基準にする(BIP の得点価値を 0 と考える)と本塁打の得点価値は 1.44,四球は 0.31,三振は -0.23 となるので,3 つのプレーによる失点の期待値が,

$$\{1.44\times(\text{被本塁打})+0.31\times(\text{与四球}-\text{敬遠})-0.23\times(\text{奪三振})\} \times \frac{9}{(\text{投球回数})}$$

となる.よって各係数を計算すると,13.0,2.8,-2.1 となり,小数点第 1 位を四捨五入すれば,トム・タンゴが提案した FIP の係数と同じ値になっている.

2013 年の FIP ランキングは表 3.7,3.8 に示してある.FIP は 2.90 を切ると優秀な投手と評価できるが,田中は先発投手の中では最高の 2.08 を記録している.また,救援投手の上位はセ・リーグでは巨人,パ・リーグではソフトバンクが占めており,強力なリリーフ陣を形成していたことがわかるだろう.

表 3.7　2013 年シーズンの先発時 FIP ランキング
（先発登板時での規定投球回数到達の投手が対象）

セ・リーグ	チーム	FIP	パ・リーグ	チーム	FIP
菅野智之	巨人	2.58	田中将大	楽天	2.08
前田健太	広島	2.69	金子千尋	オリックス	2.55
メッセンジャー	阪神	2.69	攝津正	ソフトバンク	2.95
小川泰弘	ヤクルト	2.74	岸孝之	西武	3.24
スタンリッジ	阪神	3.17	西勇輝	オリックス	3.32
大野雄大	中日	3.26	吉川光夫	日本ハム	3.35
内海哲也	巨人	3.36	十亀剣	西武	3.37

表 3.8　2013 年シーズンの救援時 FIP ランキング
（救援登板時での規定投球回数の 1/3 以上登板の投手が対象）

セ・リーグ	チーム	FIP	パ・リーグ	チーム	FIP
マシソン	巨人	1.71	千賀滉大	ソフトバンク	1.59
山口鉄也	巨人	2.14	平野佳寿	オリックス	1.81
加藤康介	阪神	2.17	五十嵐亮太	ソフトバンク	2.08
西村健太朗	巨人	2.41	嘉弥真新也	ソフトバンク	2.13
ソーサ	DeNA	2.51	益田直也	ロッテ	2.26
安藤優也	阪神	2.77	増井浩俊	日本ハム	2.42
岩瀬仁紀	中日	2.77	比嘉幹貴	オリックス	2.60

外野フライを打たれる投手はホームランのリスクも大きい

DIPS の中で，被本塁打は投手の責任という扱いであったが，それが球場の大きさに依存することは想像に難くない．また投球回数が多ければ投手ごとに外野フライあたりの本塁打の割合はほぼ一定の範囲に収束するという性質がある．そこで被本塁打の代わりに打たれた外野フライの数を用い，外野フライにおける被本塁打の比率を絡めて算出される xFIP（Expected Fielding Independent Pitching）が提案された．その公式は，

xFIP

$$= \{13 \times 外野フライ \times (\frac{リーグ全体の本塁打}{リーグ全体の外野フライ})$$

$$+ 3 \times (与四球 + 与死球 - 敬遠)$$

$$- 2 \times 奪三振\}$$

$$/(投球回数) + リーグごとの補正値$$

である.

2013年パ・リーグのxFIPランキングは表3.9のようになる.なおリーグ全体における外野フライ中の本塁打の比率は0.06として計算を行った.FIPよりもばらつきが少ないため,投手のポテンシャルの評価としてより適していると見られることもある.

表3.9 2013年シーズンパ・リーグの先発時xFIPランキング(FIP,防御率も先発時のデータ,先発登板時での規定投球回数到達の投手が対象)

選手	チーム	xFIP	FIP	防御率
田中将大	楽天	2.39	2.08	1.28
金子千尋	オリックス	2.71	2.55	2.01
攝津正	ソフトバンク	2.89	2.95	3.05
岸孝之	西武	3.00	3.24	3.08
西勇輝	オリックス	3.13	3.32	3.63
則本昂大	楽天	3.41	3.40	3.39
十亀剣	西武	3.43	3.37	3.51
吉川光夫	日本ハム	3.55	3.35	3.31
木佐貫洋	日本ハム	3.62	3.64	3.66
牧田和久	西武	3.81	3.76	2.60
唐川侑己	ロッテ	4.00	3.76	4.18

フライ・ゴロの比率と被本塁打の関係

先に述べたように，外野に飛ぶフライはホームランなどの長打や犠牲フライになるリスクがある．その反面，ポップフライを打たせることは敵の進塁を防ぐという効果もある．メジャーリーグでは，フライを打たれる比率の高い投手を「フライボールピッチャー」と呼ぶ．それに対していわゆる「打たせて取る投手」，つまり三振を奪いにいくのではなく，打者にゴロを打たせて効率よくアウトを取りにいく投手のことを「グラウンドボールピッチャー」と呼ぶ．

セイバーメトリクスでは，投手が打たれる打球の種類をゴロ，フライ，ライナーに分類し，ゴロとフライの比率を測るGB/FBという指標で投手のタイプを判定することがある．GB/FBの値が1であれば，打たれたゴロとフライは同数ということになり，1より大きければ，ゴロを打たせる比率の高い投手ということになる．

2013年シーズンのGB/FBのデータを表3.10に示す．

ウルフやディクソンは典型的なグラウンドボールピッチャーで，ゴロがフライの3倍以上となっている．また被本塁打も一ケタと長打のリスクが少ないことを物語っている．田中将大もGB/FBが1.67でゴロの比率が高い投手である．田中は奪三振も多いため「打たせて取る」タイプという見方をされることは希有だろうが，打たれてもゴロの打球が多いため，長打のリスクが少ない優秀な投手であることはこのデータからも実証される．

表 3.10 2013 年シーズンの GB/FB(規定投球回数の 1/2 以上登板の投手が対象)

選手	チーム	ゴロ (GB)	フライ (FB)	GB/FB	被本塁打 (HR)
ウルフ	日本ハム	312	84	3.71	6
ディクソン	オリックス	276	89	3.10	7
内海哲也	巨人	291	149	1.95	11
松永昂大	ロッテ	133	73	1.82	4
海田智行	オリックス	138	80	1.73	7
バリントン	広島	284	167	1.70	17
田中将大	楽天	329	197	1.67	6
岡田俊哉	中日	135	85	1.59	6
…	…	…	…	…	…
三浦大輔	DeNA	219	283	0.77	26
ホールトン	巨人	126	163	0.77	14
三嶋一輝	DeNA	154	201	0.77	20
古谷拓哉	ロッテ	95	125	0.76	5
則本昂大	楽天	192	256	0.75	14
杉内俊哉	巨人	153	212	0.72	19
佐藤達也	オリックス	64	93	0.69	5
八木亮祐	ヤクルト	165	250	0.66	18

逆に杉内俊哉や則本昂大はフライの比率が高い「フライボールピッチャー」である．ヤクルトの八木亮祐や DeNA の三嶋一輝，三浦大輔もフライボールピッチャーであるが，巨人，ヤクルト，DeNA というセ・リーグ 3 球団のフランチャイズは，本塁打が出やすい球場である．それはパークファクター(次ページ参照)という球場における本塁打の出やすさを示す指標でわかるのだが，そういった球場でフライボールを打たれることは，すなわちホームランを打たれやすいことにもつながる．三浦の被本塁打 26 は両リーグ通じてワーストだし，三嶋の 20 は同ワースト 2 位，杉内の 19 は同ワースト 3 位である．

ワンポイント●パークファクター

本塁打のパークファクター(PF, Park Factor)は他球場と比べてどのくらい本塁打が出やすいかを示す指標である．具体的には，その球場を本拠地とする球団の，本拠地での本塁打数を A，被本塁打を B とし，他球場での本塁打数を C，被本塁打を D としたとき，パークファクター PF は，

$$\mathrm{PF} = \frac{(A+B)/(本拠地での試合数)}{(C+D)/(他球場での試合数)}$$

である(表 3.11)．

表 3.11 2013 年の本塁打パークファクター

球場名	パークファクター
明治神宮野球場	1.631
東京ドーム	1.457
横浜スタジアム	1.314
西武ドーム	1.276
K スタ宮城	0.979
京セラドーム	0.922
マツダスタジアム	0.900
阪神甲子園球場	0.761
QVC マリンフィールド	0.748
ヤフオクドーム	0.724
札幌ドーム	0.700
ナゴヤドーム	0.529

コラム　背負ったランナーを生還させない力 IR%

　中継ぎ投手には，前の投手が残したランナーを背負った状況で登板する場面が多々ある．そのようなランナーをインヘリテッド・ランナー（Inherited runners, IR）と呼び，このランナーを生還させないことが中継ぎ投手の使命である．セイバーメトリクスの指標に，IR に対する生還させたランナーの比率である IR% というものがある．2013 年シーズンの IR% のデータを表 3.12 に示す．IR15 以上の投手を対象としたデータからみると，IR% の平均は 28% 程度である．

表 3.12　2013 年シーズンの IR% ランキング（IR15 以上の投手が対象）

セ・リーグ	チーム	IR	生還	IR%
山口鉄也	巨人	18	0	0%
青木高広	巨人	15	0	0%
河内貴哉	広島	37	3	8%
小林正人	中日	23	4	17%
髙木京介	巨人	22	4	18%
安藤優也	阪神	26	5	19%
久古健太郎	ヤクルト	36	7	19%

パ・リーグ	チーム	IR	生還	IR%
森福允彦	ソフトバンク	36	3	8%
髙橋朋己	西武	26	3	12%
増井浩俊	日本ハム	24	3	13%
ウィリアムス	西武	21	3	14%
河野秀数	日本ハム	20	3	15%
宮西尚生	日本ハム	28	5	18%
海田智行	オリックス	31	6	19%

ここで特筆すべきは巨人の山口鉄也と青木高広は IR% が 0 ということである．つまりこの 2 人はこの年，登板時に背負ったランナーを一人も生還させていないのである．ピンチを迎えた場面で投手交代に悩む監督，投手コーチにとって，こんなに頼もしいことはないだろう．もちろん，IR は投手自身でコントロールできないし，犠牲フライによる生還などが計算に含まれることなどから，IR% が中継ぎ投手の個人能力を如実に反映しているものとはいい難いところもある．しかし中継ぎ投手の「強心臓っぷり」を垣間見る指標として捉えるのも一興だろう．

　まだセイバーメトリクスという言葉が，日本であまり普及していない時期に，この IR% を年俸交渉の材料に使った選手がいる．広島，近鉄で中継ぎ一筋だった左腕，清川栄治である．清川は近鉄在籍時の 1992 年シーズン終了後，ある野球雑誌に掲載されていた記事で IR% のことを知り，自身で計算を行った．その年登板した 36 試合で IR が 42，そのうち生還を許した走者が 5 で，IR% が 11.7% となり，この値が他チームの選手よりも優れていることを確認したのである．このことを球団に資料として提出したところ，その業績が認められ年俸にその分が上乗せされたとのことである．

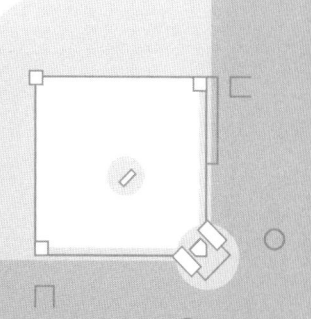

4 イメージ先行で語られがちな「守備の達人」
―― 失策が多くても守備範囲は広かった

　「広島の三塁手・堂林翔太と，2013年限りで引退した元ヤクルトの宮本慎也ではどちらが守備の名手か？」

　野球ファンにこのようなアンケートをとったら，おそらく多くの人が「宮本慎也」と答えるだろう．2012，2013年はともにセ・リーグの三塁手として活躍していた2人の守備成績を比べてみると，堂林は2012年の失策数が29で守備率は.924，2013年は失策数が19で守備率は.936．失策数は2年連続でセ・リーグ最多である．一方，宮本は2012年の三塁での失策数が5で守備率は.979，2013年は失策数が3で守備率は.977となっている．守備の名手に贈られるゴールデングラブ賞を10度も受賞しているだけのことはあり，失策数では堂林に大きな差をつけていることがわかる．

　さて，守備率とは $\frac{(刺殺+補殺)}{(刺殺+補殺+失策)}$ で表され，簡単に表現するならば打球を処理した回数のうち失策（エラー）を犯さなかった割合のことである（刺殺と補殺については79ページ参照）．もちろん数値が高ければミスは少ないわけで，どう見ても宮本の方が名手といえるデータが並んでいる（さらに見ると，

宮本は2011年は失策わずか1で，なんと守備率.997を誇っていた！）．

ところが，これから紹介するセイバーメトリクスの守備指標を用いると，意外な事実が浮かび上がってくるのだ．

守備貢献度を測る

セイバーメトリクスの守備指標であるUZR（Ultimate Zone Rating）は，あまり聞き慣れない名かもしれないが，実は2013年には選手名鑑に掲載されたり，テレビでも特集されたりするなど小さなブレークを果たしている．先ほどの堂林と宮本の話，実はこのUZRを見ると，2012，2013年ともに堂林の方が守備での貢献度が高いという結果が出ているのだ．それはどういうことなのだろうか？

UZRは，アメリカのアナリスト，ミッチェル・リクトマンが開発した指標で，今回紹介するのはそれを日本プロ野球版に

ワンポイント●失策

失策とは文字通り，（守備側の）選手の犯したミスのことで，主にアウトにできるはずのプレーでアウトにできなかったり，余計な進塁を許したりしたときに記録される．あるプレーが失策かそうでないかは，必ずしも明確な基準があるわけではなく，公式記録員の判断による．積極的なプレーが結果として失策になってしまうこともよくあるといわれる．

アレンジしたものとなる．一言で表すと「同じポジションの平均的な選手に比べて何点分の失点を防いだか」を示したものとなり，大きく2つの特徴がある．

　ひとつは公式記録にはないゾーンデータを用いて「守備範囲」の算出を試みていることである．公式記録には守備のデータが少ないため，今まではどうしても守備力を詳細に分析することができなかった．そこでデータスタジアム社のUZRでは公式記録にはないデータを独自に取得，分析することで，今までの守備指標の欠点を補おうとしている．

　ゾーンデータとは「どのような打球がどの位置に飛び，それがどのように処理されたのか」を詳細に表したものである．取得する主な項目は以下の通りである．

- 打球の飛んだゾーン（C〜Xの方向，1〜8の距離で分類した合計176のゾーン）
- 打球の質（「ゴロ，フライ，ライナー」の3区分）
- 打球の強さ（「A，B，C，バント」の4区分）

　このデータを取得するために，野球場のフェアゾーンを「22の方向」×「8つの距離」=「176ゾーン」に分割したものが図4.1だ．

　例えば同じ「サードゴロ」でも三塁手の定位置に近い方向D，距離3のゴロを捕球した場合と，三遊間寄りの方向F，距離3のゴロを捕球した場合ではアウトのとりやすさが異なり，チームへの貢献度が異なるはずである．その違いを算出するために，このような図を使ってゾーンデータを取得しているの

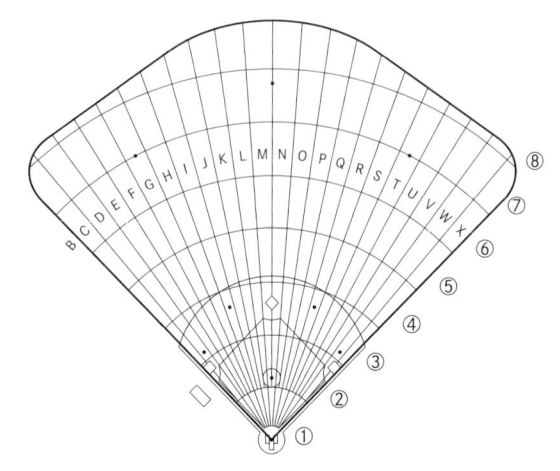

図 4.1　ゾーンデータ取得表

だ．

　UZR のもうひとつの特徴は「得点に換算した数値」となっていることだ．つまり，打撃指標の wOBA（第 2 章を参照）や投球指標の FIP（第 3 章を参照）のように，得点期待値を基にしたプレーの得点価値を使用しているということになる．これによって，攻撃力や投手力と同じ土俵で守備の貢献度を計算することができるため，WAR などの総合指標に役立つことになるのだ（「WAR」など総合指標の詳細な説明は第 5 章参照）．

　まとめると UZR とは，

- 「同じポジションの平均的な選手に比べて守備で何点分の失点を防いだか」を表す．
- 独自に取得した「ゾーンデータ」を用いて守備範囲の貢献

度を算出している．
- 「得点に換算した指標」であり，wOBAやFIPのように得点期待値をベースにしている．

となる．計算式が複雑なため全体像をつかみにくい指標ではあるが，大枠を把握する上ではこの3点を覚えておいてほしい．

さて，UZRを簡易的な式で表すと，

UZR =「守備範囲」+「失策をしない能力」

　　　+「併殺奪取能力」+「肩力」

となり，この4項目の合計が各ポジションでのUZRとなる．厳密には内野手(一塁手，二塁手，三塁手，遊撃手)は「守備範囲」「失策をしない能力」「併殺奪取能力」の3項目を計算し，外野手(左翼手，中堅手，右翼手)は「守備範囲」「失策をしない能力」「肩力」の3項目を計算している．ちなみにこの算出式は投手，捕手を除いた内野手，外野手のUZRを計算する式であり，投手，捕手の守備評価は別の式を用いて計算することになる．例えば，捕手であれば平均と比較した盗塁阻止率などを用いて守備での貢献度を算出している．

失策王が実は名手だった？

それでは，実際にどのような値になるのか，冒頭の堂林と宮本の例を基に説明したい．表4.1は2012年のセ・リーグ三塁手におけるUZRを表している．「守備範囲」の列を見ると，堂林のポイントが10.0と他の選手よりもはるかに大きくなっ

ていることが分かるだろう．失策数の多い堂林だが，実は「守備範囲」ならリーグの三塁手に比べても広いというデータが出ているのだ．一方，宮本は「失策」のポイントがリーグトップの3.0をマークしている．この数値はいかに失策をしないかを表しているものであり，高い方が優秀と評価される．「守備範囲」ではマイナスとなってしまっているが，失策数の少なさからくる「ミスが少ない」という印象にはあてはまるデータとなっている．

表 4.1 2012年セ・リーグ：サードのUZR(各チームで最も守備イニングの多い選手が対象，得点価値は2011〜2012年の統一球環境下のものを使用)

選手	チーム	守備イニング	守備範囲	失策	併殺奪取	肩力	UZR
村田修一	巨人	1158	4.9	1.6	−1.2	0.0	5.3
宮本慎也	ヤクルト	799 1/3	−4.7	3.0	1.5	0.0	−0.3
筒香嘉智	DeNA	777	0.1	1.9	−0.3	0.0	1.7
森野将彦	中日	783	1.1	2.4	−1.3	0.0	2.2
新井貴浩	阪神	545	−6.8	0.2	−1.8	0.0	−8.5
堂林翔太	広島	1218 1/3	10.0	−6.4	0.1	0.0	3.8

「守備範囲」「失策」に「併殺奪取」を加えたUZRを見ると，宮本は−0.3なのに対し，堂林は3.8である．「失策」のポイントこそ良い数値を残した宮本だが，UZRが堂林よりも低いのは「守備範囲」でのマイナスポイントが大きいためとなる．言い換えれば「ミスをしないプラス分(失策のプラス)よりも，グラブが打球に届かなかったことによるマイナス(守備範囲のマイナス)が大きい」ということになる．堂林のUZRが優秀なのはこの逆という訳だ．

繰り返しになるが，UZRではゾーンデータを用いて「守備範囲」を評価基準に入れている．それによって，例えば三塁手が取れそうな三遊間の打球を積極的に追いかけなかったために抜かれて「左安」と記録されたプレーと，三塁手が打球に届いたが捕球に失敗して失策が記録されたプレーを「どちらも打者走者を一塁に出塁させたプレー」として，均等に扱うことができる．通常，前者のプレーは人々にミスとしては記憶されず，さらに記録にも「左安」としてのみ残る．そして，公式記録に「三塁手が捕球できたかもしれない打球」という注釈はまったく残らない．UZRにおける守備範囲の評価では，この部分に焦点を当て直すことで，守備の貢献度をより厳密に評価しようとしているのだ．

　それでは，UZRの大きな柱である「守備範囲」での貢献度はどのように計算されているだろうか．

「守備範囲」の評価方法とは？

　ここですべての計算内容を記載することはできないが，例として，走者が一塁にいない場面での「方向F，距離3のゾーンのBランク(普通)の強さのゴロ」というケースについて，2013年広島の三塁手を評価してみたい．

　図4.2で示している三遊間のゾーンがF3であり，表4.2を見ると分かるように，広島の三塁手はこのケースで1.3のプラス評価となっている．さて，その得点はどのような計算で生まれているのだろうか．内容を分解してみよう．

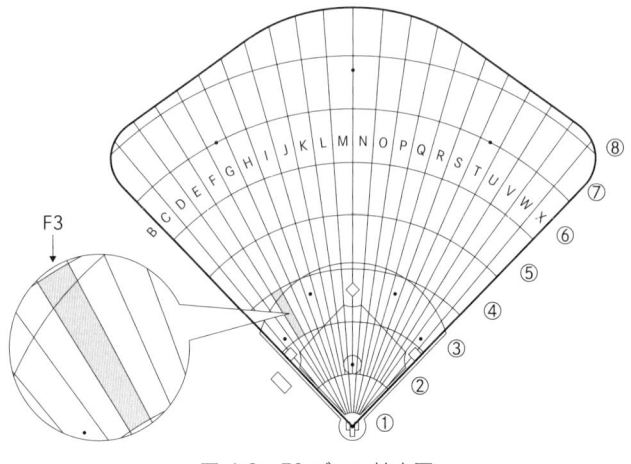

図 4.2　F3 ゾーン拡大図

　まず「守備範囲ポイント」の 1.3 とは，そのゾーンでの「広島の三塁手の±プレー(1.9)」と「得点価値(0.7)」を掛けたものとなる．守備範囲ポイントは広島の三塁手がリーグ平均に比べて F3 のゾーンでどれだけヒット(失点につながる結果)にしなかったのかという「プラスのプレー」と，どれだけヒットを許したかという「マイナスのプレー」を計算し，F3 ゾーンの得点価値を掛けることによって算出する．これを式で表すと，

「守備範囲ポイント」＝「C5 の±プレー」×「F3GB の得点価値」

となる．ここで，C5 とは広島(Carp)の三塁手(守備番号 5)を表しており，F3GB とは方向 F，距離 3，ゴロ(G)，普通の強さの打球(B)のケースを表している．では「C5 の±プレー」

表 4.2　2013 年セ・リーグ三塁手・守備範囲ポイント（一部．「走者が一塁にいない場面，方向 F，距離 3 のゾーンの B ランク（普通）の強さのゴロ」が対象）

チーム	守備範囲ポイント
巨人	-3.9
ヤクルト	2.1
DeNA	-0.2
中日	-1.5
阪神	2.2
広島	1.3

はどのような内容なのだろうか．かなり複雑だが，これは下記のような計算となる．

C5 の±プレー

$$= \left\{ (5\text{F3GB の } a) - (5\text{F3GB の } h) \right\} \times \frac{(\text{F3GB の } H)}{(\text{F3GB の } A)}$$

$$- (\text{F3GB の } h) \times \frac{(\text{F3GB の } A) - (\text{F3GB の } H)}{(\text{F3GB の } A)} \times 責任$$

ただし，

$$責任 = \frac{(5\text{F3GB の } A) - (5\text{F3GB の } H)}{(\text{F3GB の } A) - (\text{F3GB の } H)}$$

ここで A はリーグ全体の被打球を，a は広島の被打球を表している．また，H はリーグ全体の被安打を，h は広島の被安打を表している．計算に必要な数値を表 4.3 にまとめてあるので，一度確認してみよう．

　F3GB はセ・リーグ全体で 232 の被打球があり，そのうち被安打が 124 となっている．F3 は三遊間に位置するため打球

表 4.3 F3GB のケースにおける被打球・被安打(すべて走者が一塁にいない場面での方向 F,距離 3,ゴロ打球,強さ B のケースが対象)

区分	被打球	被安打	被打球−被安打
広島の三塁手	5F3GB の $a=19$	5F3GB の $h=2$	17
広島全体	−	F3GB の $h=17$	−
セ・リーグの三塁手	5F3GB の $A=107$	5F3GB の $H=9$	98
セ・リーグ全体	F3GB の $A=232$	F3GB の $H=124$	108

の半分ほどがヒットになっており,簡単にアウトを取れるケースではないことがわかる.また,被打球から被安打を引いた数値はセ・リーグ全体が 108 なのに対し,三塁手が 98 となっている.被打球−被安打 はアウトにできる打球の数を示しており,このケースでアウトを取る場合は三塁手が多く関わっているとわかる.その中で,広島の三塁手は 17 個のアウト(被打球−被安打)をとっており,逆にチーム全体で 17 本の安打を許していることも読み取れる.

それでは,この数値をどのように評価すれば良いのだろうか.先ほどの式にこの数値を入れてみると,

$$(19-2) \times \frac{124}{232} - 17 \times \frac{(232-124)}{232} \times \frac{(107-9)}{(232-124)}$$

$$= 17 \times 0.534 - 17 \times 0.466 \times 0.907$$

$$\fallingdotseq 9.1 - 7.2$$

$$= 1.9$$

となる.

まず「プラスのプレー」(9.1)は広島の三塁手が関わった

F3GB の全打球からヒットを引いたもの (19−2=17) に「F3GB のリーグ平均ヒット率 (0.534)」を掛けることで算出している．リーグ平均ヒット率が高ければ高いほどプラスの貢献度は高くなる計算方法であり，逆にまったくヒットにならないケースではいくらアウトを稼いでもプラスにならない．そのケースはどの選手も当然アウトにできると解釈し，プラスにならないという理論になっている．先ほども少し触れたが，リーグ平均ヒット率が5割程度なので，F3GB は簡単にはアウトをとれないケースである．

　また「マイナスのプレー」(7.2) は，広島の F3GB の打たれたヒット (17) にそのケースでヒットにならない割合 (0.466) を掛けて，さらに F3GB での三塁手の「責任」(0.907) を掛けることで算出する．

　「責任」はそのゾーンでアウトにできる打球が来た場合，どのポジションがどのくらいの割合でアウトを奪っているのかを計算したものとなる．今回の例では F3 のゴロで B ランクの打球を想定しているが，特に変則的なポジショニングをしない限り，これをアウトに出来るのは三塁手もしくは遊撃手である．実際に三塁手と遊撃手がどのくらいの割合でアウトにしたのかを計算すると，2013 年では三塁手 90.7％，遊撃手 9.3％ となる．つまり，F3 のゴロで B ランクの打球がヒットになった場合，三塁手に 90.7％，遊撃手に 9.3％ が割り振られるということになる．打たれたヒットになぜ「責任」を掛ける必要があるかといえば，F3 のヒットは多くが「左安」と

なってしまい，結果からでは三遊間を抜けたゴロヒットは本来どの程度を三塁手がアウトにできるはずだったのか，もしくは遊撃手がアウトにできるはずだったのかを知るすべがないためである（逆にアウトは三ゴロ，遊ゴロなど責任の所在がはっきりしている）．

次に「F3GB の得点価値」の式も見てみよう．

F3GB の得点価値

$$= \{(\text{F3GB の 1B}) \times 0.44 + (\text{F3GB の 2B}) \times 0.78 \\ + (\text{F3GB の 3B}) \times 1.13 + (\text{F3GB の HR}) \times 1.42\} \\ /(\text{F3GB の } H) + 0.26$$

ここで 1B は被単打，2B は被二塁打，3B は被三塁打，HR は被本塁打である．具体的な数値を入れると，

$$\frac{915 \times 0.44 + 1 \times 0.78 + 0 \times 1.13 + 0 \times 1.42}{916} + 0.26$$
$$\fallingdotseq 0.44 + 0.26$$
$$= 0.70$$

となる．

これは F3 のゴロで B ランクの打球がヒットになった場合の平均的な得点価値を計算，さらにアウトの得点価値を足したものとなっている．得点価値はできるだけ多くのサンプルを用いて計算する必要があるため，2013 年の守備範囲ポイントを計算するために 2011〜2013 年のデータを集計し使用している

が，F3GB のケースでは 3 年間での安打 916 本中 915 本が単打であり，ほとんど長打の可能性がないケースとして考えることができる．

なぜアウトの得点価値が足されているかというと，守備側はヒットを 1 本打たれることによってアウトを取り直さないといけないためだ．すなわちヒットの得点価値は「ヒットによる出塁を許したこと」と「アウトを取れなかったことによって，次打者と対戦しなければならないこと」の 2 つの事象を考慮にいれる必要があるということだ．

守備の評価式は発展途上

以上のような計算をすべてのゾーン，距離について行い，算出された合計が「守備範囲」の数値となる．2013 年の UZR が表 4.4 だが，やはり堂林の守備範囲は広いことがわかるだろう．ちなみに，現役最終年となった宮本は三塁で 419 イニングの出場に留まったものの，UZR は 2.4 と昨年よりプラスになっていた．

表 4.4 2013 年セ・リーグ：サード UZR（各チームで最も守備イニングの多い選手が対象）

選手	チーム	守備イニング	守備範囲	失策	併殺奪取	肩力	UZR
村田修一	巨人	1227 2/3	−4.0	2.3	0.8	0.0	−0.9
川端慎吾	ヤクルト	581 1/3	−1.1	3.8	1.2	0.0	3.8
中村紀洋	DeNA	925	−4.8	1.8	4.4	0.0	1.4
ルナ	中日	710	−3.8	−3.0	1.0	0.0	−5.8
新井良太	阪神	704 2/3	5.1	−0.8	0.9	0.0	5.3
堂林翔太	広島	920 2/3	9.1	−4.6	−1.0	0.0	3.5

なお，UZR では内野手はゴロのみ，外野手はフライとライナーのみを評価の対象としている．これは内野へのフライ打球はおおよそ捕球でき，ライナーを捕球できるかは運に大きく左右されるだろうという解釈と，外野へのゴロはおおよそヒットになるという前提があるためである．さらに，データスタジアム社では守備のポジショニングが大きく変わる「走者が一塁にいる場合」と「走者が一塁にいない場合」を分けて集計する工夫も行うなど，他にも細かな調整が入っている．

　一方で，まだ調整を行えていない部分も多々あるのが事実だ．例えば，グラウンドが天然芝か人工芝か土かの違いなどにより，ヒットになりやすい球場かどうかを補正することもしなければならない．また，現在のゾーンは細かく分かれ過ぎている部分もあり，もう少しゾーン区分を工夫することも必要かもしれない．十分なサンプル数がなければ，年度間の比較が難しいという問題もある．このように，現在の「守備範囲」の計算方法は最終形という訳ではなく，さらなる改良を検討しているというのが実情である．今回は「2013 年終了時点でのデータスタジアム社の UZR の計算方法」を紹介していると考えてもらえると良いだろう．

「失策をしない能力」，「併殺奪取能力」，「肩力」とは？

　ここまでは UZR の顔ともいえる「守備範囲」の計算方法を見てきたが，他にも「失策をしない能力」，「併殺奪取能力」，「肩力」によるポイントがあるので，それぞれを簡単に見てい

こう．

まず失策には主に「失策によって出塁を許したプレー」と「失策によって出塁を許したわけではないが，（送球ミスなどで）一つ以上余計に進塁をプレゼントしたプレー」の2種類があり，UZRを算出する上ではこの2種類を別の計算で算出している．それぞれの係数は違うものの，算出の方法はともにポジションごとのリーグ平均に対する比率から算出している．

「併殺奪取能力」は併殺の取れるアウトカウント・塁状況で内野の各選手にゴロが飛んだ場合，平均に比べてどの程度併殺を取れているかを計算している．ただし，併殺は複数のプレーヤーが絡む上に，明らかに併殺を取れないゴロ打球も多く存在するので，今後は正面の強い打球のみを対象とするなど，改良の余地が多い．

「肩力」は外野手を対象にしたポイントで，走者を次の塁に進ませない「抑止力」と，走者をアウトにした「補殺」をポイント化したものとなる．対象とする状況は「走者一塁からの単打」「走者一塁からの二塁打」「走者二塁からの単打」「走者三塁からの外野フライ（2アウト時は除く）」の4つ．こちらも得点期待値を基に，各プレーにおける貢献度を得点化している．

2012年，糸井嘉男の肩力

肩力については具体的な例を見てみよう．表4.5は2012年のパ・リーグ右翼手のUZRだが，当時日本ハムの糸井嘉男の肩力が7.9と高い数値となっていることが分かるだろう．2012

年は糸井が右翼手の場合,無死もしくは1死での「走者二塁からの単打」で,80%以上の走者を三塁で止めていた.さらに,2死からは28%の確率で補殺を記録していた(つまり,本塁で刺していた).いずれも明らかにリーグ平均より高い数値であり,走者の進塁を抑止し,さらに本塁を狙われた場合でも多くの補殺を記録したという点で肩力が評価されていたのだ.

表 4.5 2012年パ・リーグ:ライトの UZR(各チームで最も守備イニングの多い選手が対象)

選手	チーム	守備イニング	守備範囲	失策	併殺奪取	肩力	UZR
糸井嘉男	日本ハム	1147 2/3	2.8	-0.6	0.0	7.9	10.0
牧田明久	楽天	946 2/3	-2.1	1.3	0.0	-0.5	-1.3
大崎雄太朗	西武	547	-0.0	0.2	0.0	-0.2	0.0
清田育宏	ロッテ	625	7.6	0.1	0.0	-2.7	5.0
川端崇義	オリックス	677 1/3	-8.0	-0.1	0.0	-0.3	-8.3
長谷川勇也	ソフトバンク	385		-0.4	-0.4	0.0	-0.8	-1.5

ただし,糸井はケガもあってか,オリックスに移籍した2013年の守備成績は良くなく,肩力でも -3.0 のポイントを計上していた.守備範囲はともかく,肩の強さでは定評のある選手なだけに,2014年にはどのような守備成績を残すか注目である.

守備範囲を簡易的に測る RF

以上のように,守備の新指標である UZR の概要を説明してきた.UZR はうまく考えられた指標ではあるものの,難点は計算方法が複雑過ぎることだ.加えて,新しいゾーンデータも

取得しないと計算できないのでは，一般のファンがなじみやすい指標ではない．そのため，ここではもう少し簡易的に守備範囲を測る指標の RF(Range Factor)を紹介しておきたい．RFの計算式は下記となる．

$$\mathrm{RF} = \frac{(刺殺+補殺)}{(守備イニング)} \times 9$$

そのポジションをどれだけ守っていたかという守備イニングのデータは一般のファンが調べるのは少々面倒ではあるが，それでも UZR の「守備範囲」に比べるとだいぶ簡易的になっていることが分かるだろう．RF はアウト寄与率を表しており，その意味するところは 1 試合あたり何個のアウトに寄与したかということだ．表 4.6 は 2012 年セ・リーグ三塁手の RF だが堂林は 1 試合 27 個のアウトのうち，2.62 個に貢献したという意味になる．堂林は RF だと僅差で 3 位．トップは「守備範囲」で数値が伸びなかった宮本で，阪神の新井貴浩はどちらも最下位となっている．

ワンポイント●刺殺と補殺

刺殺とは，野手が直接アウトをとることで，フライを捕球したとき，打者や走者をタッチしてアウトにしたとき，送球を受けて打者や走者をアウトにしたときに記録される(三振は捕手に刺殺が記録される)．補殺は，刺殺を記録した野手以外にアウトに(送球や中継などで)かかわった野手に記録される．

表 4.6 2012 年セ・リーグ・サードRF(各チームで最も守備イニングの多い選手が対象)

選手	チーム	守備イニング	RF
村田修一	巨人	1158	2.63
宮本慎也	ヤクルト	799 1/3	2.65
筒香嘉智	DeNA	777	2.24
森野将彦	中日	783	2.36
新井貴浩	阪神	545	2.00
堂林翔太	広島	1218 1/3	2.62

　もちろん，RF は UZR よりも前に作られた指標であり，自チームの投手が多く三振を奪うと必然的に数値が伸びないなど，欠点は多い．だが，ポジションごとに RF を見ることで，簡易的な分析を行えるのは事実である．また，刺殺や補殺はスコアブックレベルでも確認できるデータなので，アマチュアのリーグ戦などでも RF を計算できないことはない．もし興味のある方は大学野球などのリーグ戦で行ってみると，新たな発見があるかもしれない．

コラム チーム全体の守備力の簡易的な測り方

RF は個人の守備力を測る指標だったが,チーム全体の守備力をさらに簡易的な計算から把握する指標が DER(Defensive Efficiency Rating)である.これは公式記録から計算できるためとても便利だ.DER の計算式は下記のようになっている.

$$\mathrm{DER} = \frac{(打者-被安打-与四球-与死球-奪三振-失策)}{(打者-被本塁打-与四球-与死球-奪三振)}$$

分子はグラウンドの中に飛んだ打球のうち,アウトになったもの.分母はグラウンドの中に飛んだ打球すべて.つまり,グラウンドの中に飛んだ打球のうち,どのくらいアウトにできたかを示している.「アウトにできる割合」なので数値は高い方が守備の良いチームとして評価される.2011,12 年の旧統一球状況下では平均値が上がるなど,年度によってばらつきはあるが,.700 を超えるかどうかがひとつの目安にはなるだろう.

この指標は投手力によって影響される部分もあるが,簡易的にチームの守備力を表す指標としては優れている(表 4.7).実際に,UZR がセ・リーグで最も高いのは阪神,パ・リーグで最も高いのはソフトバンクであり,DER の評価とも一致しているのだ.

表 4.7 2013 年:リーグ別 DER ランキング

	セ・リーグ	DER	パ・リーグ	DER
1	阪神	.706	ソフトバンク	.696
2	巨人	.704	西武	.695
3	広島	.697	楽天	.693
4	中日	.688	日本ハム	.685
5	DeNA	.683	ロッテ	.682
6	ヤクルト	.675	オリックス	.681

ちなみに，ソフトバンクは 3 年連続でリーグトップの DER を記録しているが，阪神は 1992 年以来 21 年ぶりのトップとなる．1992 年の阪神は亀山努と新庄剛志の登場で「亀新フィーバー」が起こった年だった．遊撃手の久慈照嘉が新人王を獲得するなど，若手が数多く台頭していた．2013 年は UZR でも遊撃手の鳥谷敬や中堅手の大和が大きなプラスとなっており，さらに 2012 年は大きくマイナスだった三塁手でも新井良太がまずまずの数字を残した．もしかすると，チームを挙げて守備力改善に取り組んだ成果なのかもしれない．

5 真のMVPは誰か？
——勝利への貢献度を数字で表す

　各リーグでシーズン通して最も活躍した選手に送られる賞に「最優秀選手賞」がある．一般的には「MVP(Most Valuable Player)」とも表現され，プロ野球選手にとって最も名誉ある賞のひとつとなっている．MVP は取材歴 5 年以上の野球記者の投票によって決まる制度となっており，2013 年はセ・リー

ワンポイント●MVP と優勝チーム

　日本のプロ野球では，MVP は優勝チームから選出されることが多い．1950 年～2013 年までの両リーグの MVP 各 64 人のうち，リーグ優勝チーム以外から選ばれたのは，セ・リーグで 2 人(3 回)，パ・リーグで 9 人(10 回)である．2013 年のヤクルトのバレンティンはセ・リーグでは 1974 年の王貞治(巨人)以来 39 年ぶりのことである．しかもセ・パ両リーグ史上初めて最下位チームからの MVP であった．1986 年のバース(阪神)と落合博満(ロッテ)はともに 2 年連続三冠王となりながら MVP とならなかった．なお，パ・リーグ 10 回のうち，優勝チームが西武(1963 年は西鉄)だったのが 8 回もある．

グからバレンティン，パ・リーグからは田中将大が選ばれた．記者は1位〜3位の3人までに投票することができ，それぞれ1位=5点，2位=3点，3位=1点とMVPを決めるための点数が割り振られていく．

表5.1には2013年度のMVP投票結果の得点数を記してあるが，60本塁打のバレンティンと24勝無敗の田中は2人とも断トツで選ばれていることが分かる．特に楽天を初の日本一に導いた田中は1165点となっており，これはパ・リーグ担当233人の記者がすべて，MVPの1位に選んだことを表している．いわば，満票でのMVP選出だったのだ．

表5.1 2013年のMVP点数

セ・リーグ	チーム	点数	パ・リーグ	チーム	点数
バレンティン	ヤクルト	1135	田中将大	楽天	1165
村田修一	巨人	419	長谷川勇也	ソフトバンク	106
阿部慎之助	巨人	391	マギー	楽天	100
西村健太朗	巨人	110	則本昂大	楽天	85
ブランコ	DeNA	100	浅村栄斗	西武	80

バレンティンの60本塁打や田中の24連勝は確かに過去に類を見ない大記録である．だが，彼らはセイバーメトリクスの指標で見ても，最も貢献度の高い選手となるのだろうか．その問いにひとつの答えを与えてくれる指標がWAR(Wins Above Replacement)だ．WARは近年メジャーリーグで活用されている総合評価指標である．その意味するところは「控えレベル(リプレイスメント・レベル)の選手に比べて，1年間で何勝分貢献したのか？」となる．つまり，WARの高い選手は勝利へ

の貢献度が高い選手であり，WAR を用いることでセイバーメトリクスによる MVP を選び出すことができるのだ．

ただし，WAR は本場アメリカでもスポーツデータ分析機関によって異なった算出式を使用しており，これという決まった式はない．よって，これから紹介する WAR も 2013 年終了時点でのものであり，データスタジアム社オリジナルのリーグ別に計算する手法で算出している．本書はセイバーメトリクスの入門書であるため，複雑な補正は極力省くよう心がけている．

投手と野手の成績は比べられるのか？

ところで，WAR のように選手を総合的に評価するためにはどのようなことを考慮する必要があるのだろうか．例えば，下記の投手 A，野手 B の成績を比較し，どちらが優秀かを決める必要があった場合，皆さんならどのように考えるだろうか．

【リーグ優勝したチームでエースとして貢献した投手 A】
　主な投手成績：24 勝 0 敗，防御率 1.27
【リーグ 2 位のチームで主軸として活躍した野手 B】
　主な打撃成績：打率.317，本塁打 27，打点 110

ここで，プロ野球ファンの議論内容を想像してみよう．おそらく次のようになるのではないだろうか．

「野手 B は確かにすばらしい成績だが，他の選手も達成できる可能性があるラインだ．それに比べると，さすがに 1 シー

ズンで24勝0敗は誰も成し遂げていない驚異的な数字だ．防御率1.27もずばぬけており，さらには優勝にも貢献していることを考えると，投手Aに高い評価を与えるべきだ」

もちろん"投手A"は2013年の田中の成績である．"野手B"は2013年の西武・浅村栄斗の成績だ．そもそも，野手と投手の成績をそのまま比較することに無理があるため，上の例のようにその成績を達成するのがどれだけ難しいか，もしくは活躍した印象の強さが優劣の判断基準となるだろう．

総合評価指標の考え方

ところが，前章までで紹介したセイバーメトリクスの指標を用いると，そもそもの問題だった「野手の成績と投手の成績は比較しようがない」という前提を崩すことができる．例えば，第2章で紹介した攻撃の指標wRAA，第3章で紹介した投手の指標FIP，第4章で紹介した守備の指標UZRなどはいずれも「ひとつひとつのプレーを得点の価値に置き換えた指標」である．つまり，どのくらい得点を稼いだのか（もしくはどのくらい失点を防いだのか）というように，得点という統一の評価単位で比べることによって，投手・野手を問わずすべての選手の貢献度を同じ土俵で比較することが可能となる．これが総合評価指標の基本的な考え方だ．

今回紹介する総合評価指標WARもその考え方を用いており，攻撃をwRAA，投手をFIP（先発・救援別のデータで失点率のスケールに合わせたバージョン），守備をUZRで評価し

ている．「プレーを得点の価値に置き換える」という考え方で算出することにより，全選手を1つの指標で客観的に評価することが可能になるのだ．これはセイバーメトリクスが目指す到達点のひとつであり，WAR が「究極の評価指標」と呼ばれるゆえんとなる．

控え選手とレギュラーの差はどのくらい？

先ほど紹介したように WAR は Wins Above Replacement の略だが，この意味は「代替水準と比べた勝利数」となる．代替水準と比べる，つまり「控え選手の平均＝リプレイスメント・レベル」と比べるという点が，この総合評価指標の大きな特徴だ．

チームでレギュラークラスの野手が故障した状況を考えてみよう．この場合，誰か別の選手を起用してレギュラーの穴を埋める必要があるわけだが，ここで出場する野手は平均レベルの能力を持った選手ではなく，それより能力の劣る選手になることが多いはずだ．

具体的に考えてみよう．まず前提として，試合に出場可能な「ベンチ入りの野手」は「レギュラー野手」＋「控え野手」であり，能力の高い順番に8人がレギュラー野手として試合に出場しているとしよう．ここで平均レベルの能力とは「ベンチ入りの野手」の平均と仮定できる．一方，故障の穴を埋める野手は「控え野手」の中から選ぶ必要がある．「控え野手」の中には当然ながら能力の高い「レギュラー野手」は入っていない

ので，レギュラーの穴は必然的に「ベンチ入りの野手」の平均よりも能力の低いメンバーで埋めることになるだろう．そして，この「控え野手」の平均をリプレイスメント・レベルと呼んでいるのだ．

もちろん，レギュラークラスの野手を複数抱えている選手層の厚いチームもあり，控え野手のすべてが「ベンチ入りの野手」の平均よりも劣っているわけではないし，守備力はむしろ，控え野手の方が高い場合もあるだろう(実際，UZR では WAR に用いる際に「平均=リプレイスメント・レベル」と定義している)．ただ，2004〜2013 年のデータを用いて wOBA のリプレイスメント・レベルを計算してみると「控え野手」の wOBA は.291 であり，「ベンチ入りの野手」(つまり，平均レベルの能力)の 0.88 倍となっていることが分かる(表 5.2 参照)．つまり，レギュラーの穴を埋める「控え選手」の攻撃力は平均レベルに満たない場合が多いのだ．ちなみに「控え野手」の定義は多々あるが，今回は「各チーム各ポジションで最も多く出場した野手以外」を「控え野手」と定義して集計している．

表 5.2　2004〜2013 年 NPB
：選手レベル別の wOBA

投手・野手	レベル	wOBA
野手	レギュラー 控え 平均	.345 .291 .330
投手	平均	.128
全選手の平均		.325

リプレイスメント・レベルは投手の評価にも用いられる．過去10年分のデータから先発救援別の失点率を計算すると，先発なら平均を1.33倍，救援なら1.44倍したものがリプレイスメント・レベルとなる．「控え野手」の攻撃力と同じように，「控え投手」の投球能力も平均レベルに満たないのだ．ちなみに「控え投手」の定義も多くあるが，今回は先発・救援ともにリーグ投球回数の80％程度をレギュラーが投げていると定義し，それ以外を「控え投手」としてまとめている．

レギュラーの価値は控え選手を試合に出さないこと

それでは，なぜWARではリプレイスメント・レベルを基準に考えるのだろうか．端的には「控え選手のレベルを基準とすることで，多くの試合に出場した選手（主に身体の頑丈な選手）の貢献度を的確に評価できる」からだ．

2013年の阪神・鳥谷敬，DeNA・梶谷隆幸という2人の遊撃手のデータを例に考えてみよう．まずは，2人の基本的なデータを示しておく（表5.3）．

この2人の打撃成績からWARはどのように計算されるのだろうか．WARの攻撃部分はwRAAによって評価しているので，基本的な数値は鳥谷が23.2，梶谷が30.1となる．2013年はセ・リーグで最も多く四球を稼ぐなど，持ち前の選球眼を発揮した鳥谷もかなり良い数字だが，16本塁打で長打率.634とブレークを果たした梶谷がやや上回る結果となっている．ところが鳥谷は643打席，梶谷は287打席と鳥谷が倍以上の打

表 5.3 2013 年の鳥谷敬(阪神),
梶谷隆幸(DeNA)のデータの比較

鳥谷敬	項目	梶谷隆幸
144	試合数	77
643	打席	287
532	打数	254
150	安打	88
10	本塁打	16
.282	打率	.346
.402	出塁率	.413
.410	長打率	.634

席数をマークしており,この点からは鳥谷の打撃が成績以上に評価されてよい.

 発想を少し変えてみよう.鳥谷の打席数が多く,梶谷の打席数が少なかったことは次のように解釈できるのではないだろうか.

 「鳥谷は「控え選手」に打席を譲る機会がほぼなく,一方の梶谷はその機会が多かった」

 決して梶谷は故障によって打席数が少なかったわけではないが,全体の約半数しか試合に出場できなかったのは事実である.その他の試合では,梶谷以外の「控え選手」が多く打席に立っていたと考えられる.1 シーズン打席に立ち続けた鳥谷は「控え選手」に打席を譲っておらず,この点で貢献度の差があると考えられる.先ほどの wOBA の差を用いて貢献度を算出すると,鳥谷は 643 打席分で 20.2,梶谷は 287 打席分で 9.0 だけ「控え選手」を打席に立たせなかったと評価できるのだ(リプレイスメント・レベルを基準にすると,「控え選手」

はいくら打席に立っても貢献度ゼロとなる．643打席立っても，287打席立ってもゼロだ）．結果的に，鳥谷の攻撃評価は23.2+20.2=43.4，梶谷は30.1+9.0=39.1となり，鳥谷が梶谷を上回ることになる．

鳥谷敬の貢献度は何勝ぶんに値する？

ここまでで「リプレイスメント・レベルと比べた鳥谷と梶谷の攻撃力」を算出できた．今回のWARではこのほかに「投手」をFIP（失点率バージョン）で，「守備」をUZRと，各ポジションの補正値で，さらに「走塁」に盗塁と一部の進塁データを用いて算出している．これらの数値を足すことで，鳥谷と梶谷のWARは下記のように完成する．

$$鳥谷 = \frac{43.4 (攻撃) + 0.0 (投手) + 26.7 (守備) - 1.3 (走塁)}{10}$$
$$= 6.9$$

$$梶谷 = \frac{39.1 (攻撃) + 0.0 (投手) - 8.6 (守備) + 4.2 (走塁)}{10}$$
$$= 3.5$$

鳥谷のWARは6.9，梶谷は3.5となり，「控え選手」に比べて鳥谷は6.9勝ぶん，梶谷は3.5勝ぶんの貢献度があったという結果が導き出された．どちらの式でも最後に10で割っているが，これは得点を勝利に変換する作業であり，第1章のピタゴリアン期待値を基に導いたものとなる．このように，得点ベースで計算されたwRAA，UZR，FIPなどを最終的に勝

利数へと換算することで，WAR を完成させることができるのだ．

バレンティンはやはりトップの貢献度

それでは，セ・リーグの WAR を見ていこう．表 5.4 では 2013 年のセ・リーグの WAR トップ 20 人を掲載している．やはり，MVP を獲得したバレンティンが 8.3 でトップである．守備面などでやや数値を落としているものの，60 本塁打の長打力が大きく効いた形となった．ヤクルトがこれほど強力な選

表 5.4　2013 年セ・リーグ WAR ランキング

選手	チーム	メインポジション	WAR
バレンティン	ヤクルト	右翼手	8.3
阿部慎之助	巨人	捕手	6.9
鳥谷敬	阪神	遊撃手	6.9
村田修一	巨人	三塁手	5.4
メッセンジャー	阪神	投手	5.3
菅野智之	巨人	投手	5.2
ブランコ	DeNA	一塁手	4.8
前田健太	広島	投手	4.8
小川泰弘	ヤクルト	投手	4.8
坂本勇人	巨人	遊撃手	4.6
丸佳浩	広島	中堅手	4.3
平田良介	中日	右翼手	3.8
能見篤史	阪神	投手	3.6
スタンリッジ	阪神	投手	3.6
梶谷隆幸	DeNA	遊撃手	3.5
ルナ	中日	三塁手	3.5
マートン	阪神	左翼手	3.5
藤浪晋太郎	阪神	投手	3.4
澤村拓一	巨人	投手	3.2
内海哲也	巨人	投手	3.2

手を擁しても6位だったのは，他の選手があまりランクインしていないためであろう．20位以内にはバレンティンと小川泰弘(4.8)しかおらず，その次は36位の石川雅規(2.3)になる．WARはリーグの平均的な選手がシーズンを通して出場し続けると2.0程度になるので，年間を通して平均を大きく上回る貢献度だったのは，バレンティンと小川しかいなかったということになる．

優勝した巨人からは阿部慎之助が6.9で最高値．以下，村田修一の5.4，菅野智之の5.2，坂本勇人の4.6と続く．阪神は鳥谷以下，セ・リーグ投手では最上位となるメッセンジャーが5.3で続き，その他にも能見篤史，スタンリッジ，藤浪晋太郎とトップ20に先発投手が4人も入っている．終盤こそやや失速したものの，2013年は高い先発投手力がリーグ2位の要因だったことが分かる．

今回のセ・リーグWARトップ5と冒頭で紹介したMVP投票のトップ5とを比べると，3人が重なる結果となった．今年のセ・リーグMVP投票の結果は，セイバーメトリクスから見てもそれなりに妥当性があったといえそうだ．

田中将大を貢献度で超えた選手

それでは，パ・リーグのトップ20はどうなっているだろうか．表5.5を見てみると，なんと24連勝を果たした田中の7.1を抑えて，浅村が7.5でトップになっていることが分かる．具体的な内訳は次のようになる．

表 5.5　2013 年パ・リーグ WAR ランキング

選手	チーム	メインポジション	WAR
浅村栄斗	西武	一塁手	7.5
田中将大	楽天	投手	7.1
陽岱鋼	日本ハム	中堅手	6.8
金子千尋	オリックス	投手	6.3
長谷川勇也	ソフトバンク	中堅手	5.7
マギー	楽天	三塁手	4.6
松田宣浩	ソフトバンク	三塁手	4.5
中田翔	日本ハム	左翼手	4.4
今宮健太	ソフトバンク	遊撃手	4.0
井口資仁	ロッテ	一塁手	4.0
内川聖一	ソフトバンク	左翼手	4.0
攝津正	ソフトバンク	投手	3.9
李大浩	オリックス	一塁手	3.8
ヘルマン	西武	三塁手	3.8
岸孝之	西武	投手	3.7
西野勇士	ロッテ	投手	3.6
栗山巧	西武	左翼手	3.5
糸井嘉男	オリックス	右翼手	3.5
柳田悠岐	ソフトバンク	中堅手	3.4
西勇輝	オリックス	投手	3.3

$$浅村 = \frac{65.3\,(攻撃)+0.0\,(投手)+5.9\,(守備)+3.4\,(走塁)}{10}$$

$$= 7.5$$

さらに細かく分けると，攻撃のうち wRAA が 46.1，「控え選手」を打席に立たせなかった貢献が 19.3（厳密には 46.09+19.25=65.34），守備のうち UZR が 14.7，ポジション補正が –8.8 となっている．

浅村の wRAA はリーグトップの数値である．シーズンを通して出場し続けた貢献度も大きく，さらに主に一塁を守った

守備でも守備範囲などで高数値をマークしていた．ただし，一塁手は一般的に守備力の低い選手が守る傾向にあるため，ポジション補正はマイナスの数値となる．これらを総合してWARに変換すると 7.5 となり，リーグトップの勝利貢献度と計算されていた．

24 連勝の田中より上であることに違和感もあるかと思うが，記録の達成困難度や活躍した印象ではなく勝利への貢献度は「1 位：浅村，2 位：田中」と算出されるのだ．

WAR という総合評価指標では浅村が田中を上回ったものの，「選手の価値＝勝利への貢献度」とスポーツの価値を単純化したセイバーメトリクスの考え方はあくまでもひとつの価値観にすぎない．今回の場合でも田中はあと 2 試合ほど，いつもの投球をみせていれば，WAR で浅村を上回ることができたという試算になっている．2011 年にマークした 226 1/3 回程度の投球回数をこなしていれば，WAR はリーグトップだっただろう．また，優勝決定試合で救援投手として登板するなど，柔軟な起用法に応えた点などはデータでは反映されず，むしろ先発の機会を 1 度失ったことの方が，WAR の評価には影響を与えている．このような点をふまえても，MVP は優勝への貢献度や主観的要素を含めて選ばれる方が自然だろう．2013 年のパ・リーグ MVP に田中が選ばれたことに違和感はない．

ただし WAR のデータからは，必ずしも満票での選出である必要はない気もする．233 人の記者の中に浅村を 1 位と主張する「セイバーメトリクス重視派」がいても良さそうなもの

だ.せっかくの投票制なのだから,足並みをそろえる必要はないはずである.むしろそれぞれ論拠のある多様な価値観により,総合的に評価された方がMVPの価値も高まるだろう.そのような仕組みが機能していれば,プロ野球の文化がより深く面白みのあるものとして再評価されるはずだ.

以上,WARを紹介してきたが,今回の算出手法はあくまでも一例であって,さらに細かいデータから算出し,日本版のポジション補正の研究を進めれば別の結果になることもありうるということは補足しておく.例えば田中は2013年にゴロを多く打たせる投球を見せていたが,現状ではその能力は反映されていない.今後,指標を改良する上での課題と考えている.

ワンポイント●サイ・ヤング賞

サイ・ヤング(1867～1955)はメジャーリーグ通算511勝の記録をもつ大投手である.死後,彼の業績を称えてシーズンの最優秀投手を表彰するサイ・ヤング賞が1956年に制定された.日本にも同様な賞として沢村賞がある.沢村賞は先発完投型の投手が選考対象で,セ・パ両リーグ合わせて原則1名が選ばれる(1988年まではセ・リーグのみ).現在は,元選手からなる選考委員が選出する.これに対し,サイ・ヤング賞は記者投票による選出で,リリーフ投手も選ばれることがある.また,アメリカン・リーグ,ナショナル・リーグ双方から各1名選ばれる.

コラム 🏐 「野球は投手力」は本当？

「野球は投手力」という言葉があるように，日本では投手への期待度が高い．エースに注目が集まりやすい高校野球や，プロの舞台でもクライマックスシリーズや日本シリーズ等の短期決戦などで用いられやすいフレーズで，野球を長く見ているファンほど耳なじみがあるはずだ．点を取られない限り負けない競技である以上，息の詰まる投手戦などを見ていると確かに投手の能力に依存している様に見えるものだ．トーナメントなどの「負けたら終わり」の短期決戦では，なおのこと投手の活躍にスポットライトが集まりやすい．

しかしながら，WARでは24連勝の田中よりも浅村の方が総合的に評価されるなど，シーズンの総合評価を行ったセイバーメトリクスの指標では必ずしも「野球は投手力」となっていない．勝利への貢献度という観点からすると，投手力の影響度はどの程度と考えれば良いのだろうか．

この章で紹介したWARのほかに，セイバーメトリクスで有名な総合評価指標としてWS(Win Shares)がある．これはセイバーメトリクスの生みの親，ビル・ジェイムズが作りだした指標で，選手の貢献度を勝利数に換算したものである．WARとWSはまったく算出方法が異なるが，どちらも印象ほど投手が評価されず，野手の評価が高い．確かに，野球はその構造上「27個のアウトを取られる前に何点取れたか」というオフェンス部分と「27個のアウトを取る間に何点取られたか」というディフェンス部分の機会数が平等だ．さらにディフェンス面は「野手の守備力」と「投手の投球」に分けられるわけなので，1試合における投手の影響度はディフェンス部分の一部となり，その影響度は単純に考えても5割以下だろうと思われる(もちろん，投手の打撃は別)．確かに，他の8ポジションの選手と比べれば投手の比重は大きく，試合を戦

う上で,「野球は投手というポジションが重要である」ことは間違いない.ただし,年間を通した個々の投手の貢献度を測る上で,投手は出場機会の少なさがネックになる.

144 試合を戦うプロ野球のレギュラーシーズンでは,最も長いイニングを投げる先発投手でも 30 試合程度の登板数で,144 試合フルイニング出場が可能な野手とは大きな差がある.1 試合の中では確かに投手の比重は大きいもののシーズントータルでの積み上げを考えると,野手の方が貢献度の幅は広くなりやすく,リーグの貢献度トップの選手は野手になりやすい.WAR において浅村が田中を上回ったのも,そうした理由があるからだろう(逆に 2013 年の WAR では両リーグの最下位も野手となっている).

ちなみに,セイバーメトリクスの本場メジャーリーグの MVP に投手が選ばれるケースはきわめてまれである(表 5.6).近年では 2011 年にア・リーグでジャスティン・バーランダー(デトロイト・タイガース)が受賞しているが,投手が選ばれたのは 19 年ぶりのことだった.ナ・リーグでは 1968 年のボブ・ギブソン(当時セントルイス・カージナルス)を最後に投手の MVP 受賞者は途絶え,両リーグの過去 40 年という長いスパンで見ても投手の MVP 受賞経験者は 5 人しかいないのである.「投手はサイ・ヤング賞(96 ページ参照),野手は MVP」というメジャーリーグ特有の文化的な要因も大きく関係しているとされるが,過去 10 年の MVP 受賞者 20 人のうち,8 名(9 回)が投手だった日本プロ野球とは対照的な結果となっている.

表 5.6 メジャーリーグ年度別 MVP(ア・リーグはアメリカン・リーグ,ナ・リーグはナショナル・リーグ)

年度	ア・リーグ	チーム	ポジション
2013	M. カブレラ	タイガース	三塁手
2012	M. カブレラ	タイガース	三塁手
2011	J. バーランダー	タイガース	投手
2010	J. ハミルトン	レンジャーズ	外野手
2009	J. マウアー	ツインズ	捕手
2008	D. ペドロイア	レッドソックス	二塁手
2007	A. ロドリゲス	ヤンキース	三塁手
2006	J. モルノー	ツインズ	一塁手
2005	A. ロドリゲス	ヤンキース	三塁手
2004	V. ゲレーロ	エンゼルス	外野手

年度	ナ・リーグ	チーム	ポジション
2013	A. マカチェン	パイレーツ	外野手
2012	B. ポージー	ジャイアンツ	捕手
2011	R. ブラウン	ブルワーズ	外野手
2010	J. ボット	レッズ	一塁手
2009	A. プホルス	カージナルス	一塁手
2008	A. プホルス	カージナルス	一塁手
2007	J. ロリンズ	フィリーズ	遊撃手
2006	R. ハワード	フィリーズ	一塁手
2005	A. プホルス	カージナルス	一塁手
2004	B. ボンズ	ジャイアンツ	外野手

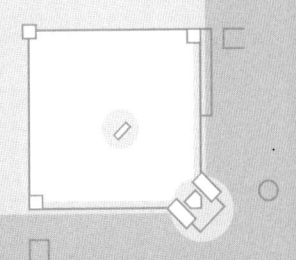

おわりに
――セイバーメトリクスと ID 野球

　統計学を学んできた筆者(鳥越)が，スポーツのデータを研究テーマとする中で，はじめて「セイバーメトリクス」に出会ったのは 2006 年のことだった．当時は，統計学者のあいだでも野球ファンのあいだでもまだほとんど知られることのない，マイナーなテーマだった．最近になってようやくスポーツ関係のメディアでも取り上げられるようになり，コアな野球ファンのあいだでは，セイバーメトリクスの手法を使って野球の議論に興じるという楽しみ方も定着してきているようだ．

　おかげで筆者もセイバーメトリクスを紹介する機会が増え，さまざまな質問を受けることも多くなった．その中でもよく訊かれるのは「では野村克也氏の ID 野球もセイバーメトリクスなのでしょうか？」ということである．これは非常にもっともな疑問であり，以下それに答えることでむすびとしたい．

　まず，ID 野球もセイバーメトリクスもともにデータを重視する(ID は Important Data の略)という点では共通する．それでは違いは何だろうか．まずは次ページの図をみていただきたい．

　この図は，野球におけるデータ解析の目的によってデータを

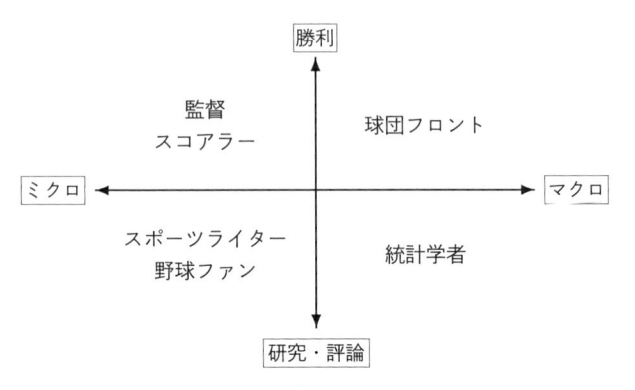

```
                    勝利
                     ↑
          監督        │   球団フロント
        スコアラー     │
                     │
  ミクロ ←───────────┼───────────→ マクロ
                     │
       スポーツライター  │    統計学者
        野球ファン     │
                     ↓
                  研究・評論
```

野球のデータ解析を示すマトリクス

扱う人の立ち位置を表す座標である．縦軸が示すのは，データ解析の目的である．つまり現場のチームの関係者は，試合の勝利やチームの強化を目的としてデータを活用するのに対し，スポーツライターや統計学者はもう少し客観的な立場からデータを吟味している．

一方，横軸はデータを活用する場面で，ベンチにいる監督は1試合1試合の勝敗，あるいは試合の一局面での采配が最大の関心事であるが，フロントはより中長期的な視点でのチーム作りを目指す．また，スポーツライターや一般的な野球ファンに比べると，統計学者はより長いスパンでのデータの収集に関心があるだろう．

さて，野村氏が提唱するID野球は当然のことながら図の左上の領域で有益なものである．ID野球は，野球の試合において変化する状況(アウトカウント，塁状況，ボールカウント)

や，それまでに投じられた球種やコースの推移から，相手の出方を分析し，それに対応できるプレーを心がけることと捉えられる．つまり，ある状況における相手との「かけひき」を行うためにデータを活用しているともいえる．その裏付けとなるのは，スコアラーが収集する対戦相手のデータであったり，自身の経験の蓄積であったりする．

　ID野球のデータ解析手法は，おそらく統計学の初歩的なものしか使われていないだろうが，ID野球が大成功を収めたのは，野村氏には瞬時に相手選手の個性を把握するという特殊技能があったからである．野村氏は現役時代から，打者としては投手の腕の振りや，動作の違いから球種を読み，捕手としては打者の構えやタイミングの取り方から狙い球を読むのが得意であった．したがって，ID野球におけるデータは必ずしも数値化されているわけではなく，経験から得られた選手の個性やくせを把握することによって，試合の各局面での特殊性に応じて，相手選手とかけひきし，相手チームの狙いや作戦を読むといったことに重きを置いている．

　「野球の試合での一場面」というミクロな状況における最善策の判断に，データを活用するのがID野球だとすれば，セイバーメトリクスはマクロ，つまり大局的に野球を分析するために生まれたものだといえよう．

　もっとも，セイバーメトリクスも，もとは野球における戦術・戦略の有効性をデータから確かめてみよう，というのが出発点であった．ただ，野村氏のように選手の個性をデータとし

て集めるというわけにはいかない．当初はせいぜい本書の第1章で紹介したようなアウトカウントや塁状況別にデータを分類するにすぎなかった．したがって，セイバーメトリクスで得られた結果を直接的に野球の采配で有効に適用できるか，といえば必ずしもそうではない．例えば，送りバントの得点価値が低いからといって，バントを一切しないということにはならないだろう．当初のセイバーメトリクスは何かの役に立つというよりは，野球の見方にこれまでとは違った視点を与えるというくらいのもので，図の左下の領域で使われるツールであった．

しかしながら，やがて，データが大量に蓄積し，本格的な統計学的な分析が進むようになると，そこから，総合的な選手評価が行われるようになった．本書でも紹介したように，各選手の能力評価や，得点や勝利に貢献した割合などを客観的に論じることができる，さまざまな指標が発見されてきた．図でいえば右下の領域に移動することになったのである．

そこで，セイバーメトリクスは図の右上の領域で実用的なツールになったのである．『マネー・ボール』に登場するオークランド・アスレチックスのゼネラルマネージャーであるビリー・ビーンは，このセイバーメトリクスをチーム編成に活用し，限られた予算の中で，勝利に貢献できる選手集めを実行，そしてアメリカンリーグ西地区優勝という成果を残してきた．それ以降，メジャーリーグではデータ分析の専門家を雇い，ドラフト，トレード，FA（フリーエージェント）といった選手の動向にセイバーメトリクスによる選手評価で対応するチームが

増加した.

 時期を同じくして，アメリカでは，インターネット上で，実在のプロ野球選手の中から，ある条件の下で「仮想チーム」を編成し，実際の試合結果をもとに選手の成績をポイント化してチームの総ポイントを競うゲーム，いわゆる「ファンタジー・ベースボール」が盛んとなった．このゲームのプレイヤーが自チームの編成の参考に，セイバーメトリクスを重用したことが，その普及の一役を担ったのである．セイバーメトリクスは，実際の球団運営にも，ファンの楽しみにも有効活用されているのである．

 このように ID 野球とセイバーメトリクスは，異なる領域で活躍し，対極にあるものとして捉えられてきた．しかし，セイバーメトリクスは新たな展開を迎えることになった．インターネットの普及や計算機の発達によりビッグデータの蓄積や解析が進歩し，さまざまな局面における一球ごとのデータを扱えるようになったのである．

 これによってセイバーメトリクスは今後，いよいよ図の左上の領域，すなわち経験に裏打ちされた ID 野球的な采配や選手指導にも進出することが予想される．今までスコアブックで記録していたプレイデータは，いまや即時，コンピュータに入力され，大量に蓄積できるようになった．それによって，打球のゴロ・フライの比率といった打球の質をも解析の対象にすることが容易となった．また Pitch f/x という投球された球の軌跡を瞬時に捉え，ボールの回転軸や回転数，変化球の曲がり具合

などを数値化できる最新の技術が導入されたことで，より科学的に野球のデータ解析が行えるような素地ができてきている．他にもビデオ解析によって，投手の腕の軌道，打者が振るバットの軌道，スイングスピード，打球の初速度，角度といったデータも取得可能となっている．

このようなデータが蓄積されることで，これまで専門家の領域とされてきたミクロな場面での最適戦術の指南といった「ID野球」的な指導を，セイバーメトリクスが担うことも可能となることだろう．

また，ビッグデータの時系列解析から成長予測を行うことも，セイバーメトリクスの役割となるだろう．実際，その試みはすでに始まっていて「Fangraphs」(http://www.fangraphs.com/)をはじめ，メジャーリーガーの次年度の予想成績を閲覧できるサイトがいくつか開設されている．また，FAによる移籍の際，その選手がまだ成長の余地がある選手なのか，ピークを過ぎた選手なのかを見極めるための成長予測が重要視されている(ちなみにFangraphsに掲載されている予測の1つによれば，ニューヨーク・ヤンキースに移籍しメジャーリーグに挑戦する田中将大の2014年シーズンの勝敗は13勝11敗とのことである)．

最後に，セイバーメトリクスをもっと深く勉強したい方には，しっかり統計学の基礎を学んでいただくことをお勧めする．統計学といえば敷居が高く感じる方も多くいらっしゃることだろうが，いきなりそのような高みから入る必要はない．

2012年から施行された新しい指導要領によると，中学校の数学で「資料の整理」が導入されるようになった．そこで扱っている内容は，データを見やすく整理し，そこからデータの特徴を捉えるところからスタートしている．まずはそういった基礎から始めていただければよいのである．好きこそものの上手なれ，という言葉があるが，野球好きの人にとっては，野球のデータを集めたり眺めたりするのは楽しいものだ．そして平均や標準偏差といった基本概念をデータに適用してみると，いろいろなことが少しずつ見えてくるようになる．セイバーメトリクスは野球に特化しているとはいえ，根底にあるアイデアは，読者の興味に応じて，他のスポーツなどいろいろなテーマにも流用できる．そしてセイバーメトリクスはまだまだ発展途上の研究分野である．「データから何を知ることができるか」という統計学の下地ができ，分析に必要な道具を身につけることができれば，みなさんにも新たな発見ができることだろう．

　筆者(鳥越規央，データスタジアム株式会社野球事業部)は，本書でセイバーメトリクスに興味をもたれた読者が，セイバーメトリクスのさらなる発展のためにチャレンジしていただければ大変嬉しく思う．

鳥越規央

1969年生まれ．統計学者．
筑波大学大学院数学研究科修了．博士（理学）．
主著：『9回裏無死1塁でバントはするな』（祥伝社新書），
『本当は強い阪神タイガース』（ちくま新書），
『統計学序論』（共著，東海大学出版会）他．

データスタジアム野球事業部

2001年にデータスタジアム株式会社設立．野球事業部はプロ野球チームやアマチュア野球チーム（高校・大学・社会人など）にデータ分析及び強化ソリューションを提供し，各種メディアに向けてはプロ野球データを配信するなどの事業を行っている．

岩波 科学ライブラリー 223
勝てる野球の統計学 セイバーメトリクス

2014年3月12日　第1刷発行

著者　鳥越規央
　　　データスタジアム野球事業部

発行者　岡本　厚

発行所　株式会社　岩波書店
〒101-8002 東京都千代田区一ツ橋2-5-5
電話案内 03-5210-4000
http://www.iwanami.co.jp/

印刷 製本・法令印刷　カバー・半七印刷

Ⓒ Norio Torigoe and DataStadium Inc.
ISBN 978-4-00-029623-6　Printed in Japan

Ⓡ〈日本複製権センター委託出版物〉　本書を無断で複写複製（コピー）することは，著作権法上の例外を除き，禁じられています．本書をコピーされる場合は，事前に日本複製権センター（JRRC）の許諾を受けてください．
JRRC　Tel 03-3401-2382　http://www.jrrc.or.jp/　E-mail jrrc_info@jrrc.or.jp

● 岩波科学ライブラリー〈既刊書〉

199 犬のココロをよむ
伴侶動物学からわかること

菊水健史,永澤美保

本体 1200 円

あなたの愛犬への接し方は間違っていませんか.人の意図を理解する,驚くべき犬のコミュニケーション能力.その事実は人間の認知研究にも大きな影響を及ぼしつつあります.簡単な観察実験とともに,最先端の成果を紹介します.

200 面積の発見

武藤 徹

本体 1200 円

面積のアイデアは労働時間や収穫量を単位とするさまざまな測定法とともに発達した.やがて抽象的な面積概念が見いつされ,体積,仕事量などの諸量も積分で求めることが可能になった.面積が数学になるまでの過程をたどる.

201 サボり上手な動物たち
海の中から新発見!

佐藤克文,森阪匡通

カラー版 本体 1500 円

一生懸命だからこそ,サボるんだ! 予想も常識も覆す,驚きの新発見が続出.南極のペンギンやアザラシから身近な鳥やイルカ,ウミガメまで,謎に包まれた生きものたちの生態と〈本気の姿〉を明らかにする,新しい海洋動物学.

202 シロアリ 女王様,その手がありましたか!
〈生きもの〉

松浦健二

カラー版 本体 1500 円

ベニヤ板の下のシロアリワールドに魅入られた少年は,長じてその謎に挑む.同性カップルで子づくり? 水中で一週間!? そして体力と知力を尽くしてつきとめた,したたかな女王の「手」とは……. ため息の出るような自然の驚異.

203 英語で楽しむ寺田寅彦

トム・ガリー,松下 貢

二色刷 本体 1300 円

時代にはるかに先駆けて,要素還元主義の伝統的手法が通用しない複雑な対象に目を向けた物理学者・寺田寅彦.彼の数多い名随筆から「藤の実」「津浪と人間」など六篇を選び,原文と英訳をあわせて読む.

204 連鎖する大地震

遠田晋次

本体 1200 円

大地震は長年蓄積された地殻の歪みが解放される現象.なのに,なぜその後にも大地震が誘発されるのか,東北地方太平洋沖地震を例にやさしく解説.さらに懸念される地域,活断層を指摘し,大地震の切迫性,首都圏の危険度を考える.

205 新薬アクテムラの誕生
国産初の抗体医薬品

大杉義征

本体 1300 円

関節リウマチなどの難病の治療薬アクテムラ.世界で初めて承認された国産初の抗体医薬品だ.開発者自らが承認までのプロセスを語る.なぜ抗体なのか.なぜ大学との連携を選んだのか.科学研究を左右する重要な示唆に富む.

206 ワクチン新時代
バイオテロ・がん・アルツハイマー

杉本正信,橋爪 壮

本体 1200 円

地上から撲滅された天然痘が生物兵器として復活.対策の切り札は,日本で開発されながら日の目をみなかった,世界初の細胞培養によるワクチンだ.がん・アルツハイマーの治療にも期待が大きいワクチンの最前線を紹介.

207	影浦 峡 **信頼の条件** 原発事故をめぐることば <div align="right">本体 1200 円</div>	福島原発事故後,事実としても科学としても誤った発言が蔓延した.専門家のことばから論理の構造を抽出し,どこに問題があるのかを明確にする.信頼の条件とは,内容の確かさだけではなく,知識の扱い方の問題である.
208	井ノ口 馨 **記憶をコントロールする** 分子脳科学の挑戦 <div align="right">本体 1200 円</div>	DNA に連なる分子の言葉で語れるようになった記憶の機能.記憶を消したり想起させたり自由に操作できる日も夢ではない.そもそも記憶は脳のどこにどのように蓄えられるか,なぜ記憶に短期と長期があるのかなど語る.
209	金井良太 **脳に刻まれたモラルの起源** 人はなぜ善を求めるのか <div align="right">本体 1200 円</div>	モラルは人類が進化的に獲得したものだ.最新の脳科学や進化心理学の研究によれば,生存に必須な主観的で情動的な認知能力に由来するという.それが示唆する脳自身が幸せを感じる社会とはどんな社会なのか.どう実現されるのか.
210	笠井献一 **科学者の卵たちに贈る言葉** 江上不二夫が伝えたかったこと <div align="right">本体 1200 円</div>	戦後日本の生命科学を牽引した江上不二夫は,独創的なアイデアで周囲を驚嘆させただけなく,弟子を鼓舞する名人でもあった.生命に対する謙虚さに発したその言葉は,大発見を成し遂げた古今の科学者の姿勢にも通じる.
211	市川伸一 **勉強法の科学** 心理学から学習を探る <div align="right">本体 1200 円</div>	どうしたら上手く覚えられるか? やる気を出すにはどうする?——だれもが望む効率のよい「勉強のしかた」を教育心理学者が手ほどき.コツがつかめて勉強が楽しくなる.「心理学から学習をみなおす」待望の改訂版.
212	鈴木康弘 **原発と活断層** 「想定外」は許されない <div align="right">本体 1200 円</div>	原発周辺の活断層はなぜ見過ごされてきたのか今後はどうやって活断層の危険性を評価すべきか.原発建設における審査体制の不備を厳しく指摘してきた著者が,原子力規制委員会での議論を紹介し,問題点を検証する.
213	三上 修 **スズメ** つかず・はなれず・二千年 〈生きもの〉 <div align="right">カラー版 本体 1500 円</div>	「ザ・普通の鳥」スズメ.しかしその生態には謎がいっぱい.人がいないと生きていけない? 数百キロも移動? あれでけっこう意地悪!? 減りゆく小さな隣人を愛おしみながら,その意外な素顔を綴る.とりのなん子氏のイラストつき!
214	平田 聡 **仲間とかかわる心の進化** チンパンジーの社会的知性 <div align="right">本体 1200 円</div>	仲間と協力する.仲間をあざむく.心の病を患う可能性すらあるチンパンジー.その社会的知性は進化の産物であり,本能に支えられてはいるけれども,年長者や他の子どもとのつきあいの中で経験と学習をしなければ育たない.

定価は表示価格に消費税が加算されます.2014 年 3 月現在

●岩波科学ライブラリー〈既刊書〉

215 転倒を防ぐバランストレーニングの科学
田中敏明
本体 1200 円

元気な明日のために，ヒトの体のことを知って効果的にトレーニング！　高齢者の転倒予防には，筋力や柔軟性に加えてバランス能力も重要だ．運動学理論に基づいた，独自の方法をわかりやすいイラストでレクチャーする．

216 原発事故と科学的方法
牧野淳一郎
本体 1200 円

原発事故の巨大さは嘘をまねく．放射性物質や原発事故のリスクが一人一人の生活に上乗せされる時代に，信じるのではなく，嘘を見抜いて自ら考えていくための方法とは．原発再稼働と健康被害推定をめぐる実践的な思考の書．

217 糖尿病とウジ虫治療
マゴットセラピーとは何か
岡田 匡
本体 1200 円

糖尿病などで足の潰瘍・壊疽をひき起こし，下肢切断を余儀なくされる人が少なくない．ところが切断せず画期的に潰瘍を治す方法がある．なんとハエのウジ虫を使う．それはどんな治療なのか．驚きの治療のしくみを解説．

218 iPS細胞はいつ患者に届くのか
再生医療のフロンティア
塚崎朝子
本体 1200 円

「iPS細胞を治療へ」との期待は膨らむばかり．しかし今，その夢の実現にはどこまで迫れているのか．iPS細胞の臨床研究で世界をリードする網膜や神経をはじめ，心臓や脳そして毛髪まで，再生医療研究の最前線をリポート．

219 数の発明
足立恒雄
本体 1200 円

パスカルが「0から4を引けば0」と述べた頃，インドでは負数に負数を掛けると正数となるのは羊飼いでも知っていた．数の捉え方は様々で，数学の定義も単一でない．数概念の発展から数学とは何かという問いへの答えに迫る．

220 キリンの斑論争と寺田寅彦
松下 貢 編
本体 1200 円

キリンの斑模様は何かの割れ目と考えられるのではないか．そんな物理学者の論説に，危険な発想と生物学者が反論したことから始まった有名な論争の今日的な意味を問う．論争を主導した寺田の科学者としての先駆性が浮かぶ．

221 ヒトはなぜ絵を描くのか
芸術認知科学への招待
齋藤亜矢
本体 1300 円

円と円の組合せで顔を描くヒトの子ども vs それができないチンパンジー．DNAの違いわずか1.2%の両者の比較から面白い発見が！ヒトとは何か？　想像と創造をキーワードに芸術と科学から迫る．［カラー口絵1丁］

222 数学　想像力の科学
瀬山士郎
本体 1200 円

1，2，3，…という数が実在するわけではない．ある具象物に対して，数というラベルを付けることで，全体の量や相互の関係を類推し，未知なるものの形や性質を議論できる．そうして数学のリアリティが生まれてくる．

定価は表示価格に消費税が加算されます．2014年3月現在